당신만 모르는
면접관의 채점표

스펙이 부족해도 첫 단추 제대로 끼우는 취업 전략

당신만 모르는
면접관의 채점표

김나진 지음

비전코리아

불확실한 미래로 고통받는 취업준비생들에게

　최근 채용 심사위원으로 위촉돼 지원자들의 이력서를 훑어보다 큰 충격을 받았다. 지금은 분명 2022년인데, 눈앞의 지원서들은 17년 전 대기업 채용담당자 시절 심사했던 것들과 크게 다르지 않았다. 그동안 제법 긴 세월이 흘렀고, 시대는 계속 모습을 바꾸어 가고 있는데 이력서의 내용은 그대로라니 당황스러웠다.

　그때의 취업준비생이나 지금의 취업준비생이나 가장 중요한 것이 무엇인지, 어디에 초점을 맞춰야 하는지 몰라 갈팡질팡하는 것은 여전해 보인다. 지난 시대에 '자기소개서, 이렇게 쓰면 탈락할 수밖에 없다.' 조언받았던 것들이 2022년의 자기소개서에 그대로 재현되고 있고, 2022년의 면접장에서는 십수 년 전 취업준비생들이 했던 실수가 반복되고 있다.

　요즘 취업준비생들은 해야 할 것들이 너무 많아 책 읽을 시간도 없다. 그래서 이 책은 뺄 건 빼고 핵심만 담았다. 우선순위가 밀리는 것들은 과감하게 날려 보내고 취업준비의 기본 중 기본이자 가장 중요한 내용만을 실었다.

과거의 취업준비생들은 정보가 너무 없어서 힘들었다. 반대로 지금의 취업준비생들은 정보가 너무 많아서 힘들다. 이전에 비해 너무 많은 말들이 존재하고, 그 중엔 현업에서는 고려하지도 않는 것들, 쓸모없는 이야기들이 넘쳐난다. 취업 시장에 대응하기 위해선 쓸데없는 곳에 시간을 뺏기지 않고, 핵심만 추릴 줄 알며, 알짜배기만 골라 선택하고 집중해야 한다.

누구에게나 취업준비생의 터널은 길게만 느껴진다. 취업이라는 좁은 관문을 뚫어내기까지 참 많이 힘들고, 참 많이 아프다. 취업이 힘들지 않은 사람은 없다. 길고 길었던 백수 시절을 넘어 이제는 취업준비생 선배로서, 전 직장 채용담당자 시절의 경험과 기록들, 취업준비생 시절 전형 과정에서의 이야기, 현 직장에서 15년 가까이 근무하며 필기시험 출제위원, 서류 및 영상 심사위원, 면접관으로 참여했던 소중한 자산들을 공유하고자 한다.

취업준비생들이 사회인이 되는 길에 덜 다쳤으면 좋겠다. 무조건 빨리 갈 수는 없지만, 내가 낼 수 있는 최고의 속도로 나아갈 수 있으면 좋겠다. 여러 갈래의 길 앞에서 방황만 하는 것보다 선택지를 좁혀 집중할 수 있었으면 좋겠다. 불확실한 미래로 고통받는 취업준비생들에게 조금이라도 도움이 됐으면 좋겠다.

수없이 넘어지고 무너졌던 지난 취준생 시절을 기억하며,
취준생 선배, 김나진 드림

추천사

이 책은 금서(禁書)로 지정해야 옳다. 불온한 책의 특징은 어떤 비밀을 담고 있고 그 비밀이 공개되면 난처한 사람이 생긴다는 것이다. 언제부터인가 나도 서류심사든 면접위원이든 채용 과정에 참여할 연차가 되었다. 전형 과정에 몇 차례 참여하면서 어렴풋이 생각했던 것들을 이 책은 용케 짚어내서 일목요연하게 정리해버렸다. 면접자의 마음을 꿰뚫고 있는 취준생이라니 생각만 해도 아찔하다. 한편으로는 이 책은 권장도서가 되어야 옳다. 저자는 취업준비생을 채용 시장의 상품으로 취급하지 않는다. 살아서 성장하는 한 인간으로 미래 세대를, 후배를 바라본다. 15년 전 취준생으로 겪었던 시행착오를 고스란히 기록한 것도 같은 이유에서일 것이다. 그의 따뜻한 시선이 얼어붙은 취업준비생들의 마음에 온기를 불어넣는다. 김나진 아나운서를 '나아진~아나'라며 아재 개그로 부를 때가 있다. 2007년 MBC에서 만난 이래 그는 계속 나아지고 있다. 이 책은 나아진 이의 성장 기록이자 후배들에게 보내는 성장 지침서다.

_〈놀면 뭐하니?〉〈구해줘! 홈즈〉 MBC PD 임경식

십여 년 전 내가 방송국 취업을 준비할 무렵, 이런 책이 있었다면 그렇게 마음이 조급하진 않았을 텐데 하는 생각이 든다. 그야말로 면접관의 시선에서 말해주는 업계 비밀 같은 책이다. 토론 면접, 직무 면접, 경력 면접까지 어떻게 준비해야 하는지 또 면접관은 어떤 이야기가 듣고 싶은지 친한 형이 옆에서 조곤조곤 말해주듯 알려준다. 취업에는 정답이 없다지만 또 이 책을 읽고 보니 그렇지도 않은 것 같다.

_카카오M PD 권해봄

MBC 아나운서에 합격하기까지 수많은 방송국의 시험을 보고 여러 번의 이직을 거쳤다. 케이블방송국, 지역사, 종합편성채널까지. 만약 취업준비생 시절에 이 책을 읽었다면, 시행착오를 줄이고 전략적으로 시험에 임할 수 있지 않았을까! 달리 말하면 나 또한 오랜 시간 몸으로 부딪치며 깨달은 바가 일목요연하게 잘 정리되어 있어 매우 놀라웠다. 그저 열심히 하는 것만으로는 부족하다. 시선을 바꿔 채용담당자의 눈으로 시험을 바라보면 접근법이 달라진다. 마인드, 단계별 전략, 면접에서 중요한 포인트까지. 어떻게 드러내야 하는지 세심하고 명민하게 짚어주는 김나진 아나운서가 '전략가'라고 느낀다. 취업, 이 책과 함께 똑똑하게 준비하자.

_MBC 아나운서 임현주

시대의 변화에 따라 영입 시장의 분위기도 격변하고 있지만, 좋은 인성과 뛰어난 실력, 성실함과 창의력을 갖춘 인재를 원하는 기업의 영입 철학은 영원히 변하지 않을 것이다. 이 책은 영입 절차 중 지원자의 인성, 실력, 성실함, 창의력 등을 표현하는 데 필요한 최소한의 가이드라인을 제시하고 있다.

_카카오 윤리경영팀장 현동수

만약 그때의 나에게 이 한 권의 비밀 노트가 쥐어졌다면, 꿈에 한 발짝 더 내디딜 수 있는 큰 힘이 됐을 것이다. 작가 특유의 다정하고도 단호한 가르침이 취업 기본 다지기와 전략, 멘탈까지 단단하게 만들어준다. 한마디로 취업을 준비하는 이들에게 단비 같은 책이다.

_MBC 기상캐스터 김가영

현재 취준생들은 어찌 보면 가장 취업이 힘든 시대에 살고 있다. 자기소개서로 시작해 최종면접으로 끝나는 긴 과정은 매번 반복해도 적응되지 않는다. 성공한 사례를 아무리 들여다봐도 나와는 동떨어진 경험이나 노하우인 경우가 많다. 빅데이터 전문가로서 정보과잉시대를 사는 우리는, 이제 수많은 정보 중에서 양질의 정보를 찾는 능력을 갖춰야만 한다고 생각한다. 2020년 전

세계 디지털 정보량은 90제타바이트다. 90제타바이트는 3MB 안 팎의 MP3 곡을 281조 5,000억 곡을 저장하는 용량이다. 이런 수 많은 데이터 중 중요 정보를 찾는 능력 그것이 곧 실력이다. 취 업에 있어 그런 양질의 정보를 이 책 한 권에 담았다. 데이터는 참고사항일 뿐 완전무결하지 않다. 나에게 맞는 정보를 선별하 는 능력이 결국 성공과 실패를 가를 것이다. 저자인 김나진은 이 책을 통해 '나에게 가장 잘 맞는 취업 전략'을 짤 수 있게 돕고 있 다. 10년 동안의 면접관 경력을 통해 쌓은 양질의 빅데이터를 꼼 꼼히 정리해 이 책에 담았다. 가장 나다운 방법으로 취업에 합격 하는 방법이 그것이다. 10년간 김나진이라는 사람을 가까이 지 켜본 바로는 작은 일 하나 허투루 하지 않고 전략과 준비로 가장 좋은 결과를 이끌어내는 사람이다. 김나진에 대한 빅데이터 키 워드를 뽑자면 '성실', '전략', '준비', '결과'… 이 네 가지 연관어 로 귀결된다. 빅데이터 전문가가 추천하는 가장 양질의 데이터 를 함께 하길 바란다.

_한국인사이트연구소 팀장 전민기

목차

chapter 1. 취업준비의 기본 다지기

chapter 2. 바뀐 채용 시장에 적응하기

chapter 3. 놓치기 쉬운 취업 전략

chapter 4. 취준생 멘탈 관리법

chapter 5. 취업의 끝은 없다

취업준비의 기본 다지기

자기소개서를 쓰는
절대적 기준

채용담당자 시절 서류전형을 진행할 때 자기소개서의 우선순위는 1순위가 아니었다. 회사가 가장 중요시하는 특정 스펙이 최우선 순위였다. 그것으로 필터링한 후에 어느 정도 추려진 지원자들의 자기소개서를 검토했다. 물론 기업에 따라 조금씩 다르긴 하지만 이 방식이 가장 보편적이었고 이후로도 크게 달라지지 않았다.

채용담당자는 자기소개서를 읽을 때 끝까지 보지 않는다. 사실 볼 수가 없다는 표현이 맞을 거 같다. 채용담당자 또한 조직에서는 직원 중 한 사람일 뿐이다. 많은 일을 해야 하는 위치라는 것. 대한민국 직장의 평균적인 업무 부하를 고려하면 무수히 쏟아지는 자기소개서를 끝까지 볼 수 없다는 답이 나올 수밖에 없다. 그래서 늘 두괄식으로 써라, 초반에 쓸데없이 출생의 비밀 따위를 나열하지 마라 같은 이야기가 나오는 것이고 일정 부분 맞는 말이다.

자기소개서는 서류전형 10%, 면접전형 90%로 비중을 둬야 한다. 서류전형을 위한 10%는 첫머리 쪽을 눈에 띄게, 하지만 과하지 않게 써두는 것이 중요하다. 너무 거슬리는 내용을 담아 초반부터 떨어지지 않게 하기 위해서다. 결국 자기소개서는 서류전형 통과용이 아닌, 면접용이다.

사회생활을 대기업 채용담당자로 시작했다. 또한, 15년간 아나운서 생활을 하며 수천 명이 넘는 지원자들의 이력서를 봐왔다. 면접관 경력만 어느덧 10년이 넘었다. 이런 경력을 토대로 나는 자기소개서에 대한 하나의 결론에 도달할 수 있었다.

자기소개서를 쓰는 절대적 기준!
"자기소개서에는 내가 가장 질문받고 싶은 이야기를 써야 한다."

그 질문을 받으면 신이 나서 어쩔 줄 모르고, 2박 3일을 밤새워 말해도 모자란 나의 이야기를 써야 한다. 자기소개서를 쓰기 위해 내게 없던 말들을 만들어내란 말이 아니다. 입사지원서를 위해서, 면접을 위해서, 없던 나를 만들어 꾸며낸 것들은 처음엔 통할지 모르지만 결국 마지막 단계에서는 들통나기 마련이다.

내가 가장 질문받고 싶은 이야기를 솔직하게 자기소개서에 담았다면 이야기는 달라진다. 내가 가장 빛날 수 있는 장면을 내가 연출할 수 있다. 내가 가장 좋아하는 질문을 통해 면접의 내용과 분위기를 내가 주도할 수 있다.

물론 해당 영역의 전문 지식이나 돌발 질문도 대비해야 한다. 하지만 대개 면접관은 자기소개서의 내용을 바탕으로 질문할 수밖에 없다. 수많은 지원자에 대해 알 수 있는 정보는 자기소개서에 쓰인 내용뿐이기 때문이다.

취업이라는 건 그냥 아무 회사나 들어가면 끝나는 것이 아니다. 궁극적인 목적이 있다. 자아실현을 하며 다닐 수 있는 곳, 흥미를 느끼며 할 수 있는 일을 찾는 것이다. 내가 좋아하는 것, 내가 가장 잘하는 것들로 채워진 자기소개서로 합격까지 한 직장에선 내 역량이 더 크게 발휘될 가능성이 높다.

만들어진 자기소개서, 짜인 틀에 맞춰진 자기소개서로도 물론 합격할 수 있다. 하지만 내가 아닌 자소서로 첫인사를 하는 그곳이 진짜 내게 맞는 옷이 될지에는 의문부호가 달린다.

〈기생충〉으로 아카데미 시상식을 휩쓴 봉준호 감독이 인용했던 그 말, "가장 개인적인 것이 가장 창의적인 것이다"라는 말을 자기소개서에도 적용할 수 있다.

나의 가장 개인적인 이야기를 꺼내 신나게 펼쳐보자. 자기소개서 작성은 스트레스가 아니라 나의 이야기를 들려주는 행복한 일이라 생각해보자. 그것이 바로 나만이 할 수 있는 이야기, 세상에서 가장 독특하고 재미있는 자기소개서이고, 합격에 조금 더 다가설 수 있는 지름길이다.

나도 모르는 나를
자기소개서에 녹여내는 방법

난생처음 자기소개서를 쓰던 순간이 아직도 생생하게 기억난다. 내게 쏟아지는 여러 질문에 어떻게 답해야 할지 몰라 며칠 동안 고민만 하다 지원 마감 한두 시간 전에 부랴부랴 빈칸을 억지로 채워나갔다.

20년 가까운 세월이 흘렀지만, 당시의 감정을 정확히 기억하는 건 그 순간이 너무 충격적이었기 때문이다. 스무 살 넘게 살아왔는데 나에 대해 당당히 내세울 만한 것 하나 생각이 안 나다니. 자신을 몰라도 너무 몰랐다. 내가 나를 모르면 쓸 수 있는 내용이 없다. 또한 내가 나를 모르는데 면접관인들 내가 누구인지 알 수 있을 리 없다.

자기소개서 항목은 뻔한 질문들이 기본이 된다. 지원 동기나 본인의 핵심역량, 관심분야, 장단점, 가장 힘들었던 순간 혹은 기뻤던 순간 등이 대표적이다. 기본 사항을 바탕으로 회사의 특성에 따라 더 구체적으로 묻는 경우도 있고, 전문분야에 대한 견해를 원할 때도 있다.

지원자는 수백 통의 자기소개서를 쓰게 된다. 양식이 하나로 통일돼 있으면 좋지만 그럴 리 없다. 회사마다 원하는 글자 수도 다르고 질문도 천차만별이라 매번 자기소개서를 편집해야 하는데, 여간 힘든 일이 아니다. 시간에 쫓겨 컨트롤+C, 컨트롤+V를 반복하다 보면 어느새 단 하나의 회사를 위한 맞춤형 자소서는 사라지고 구색과 글자 수만 맞춘 이력서를 전송하게 된다.

그렇다면 수백 통의 자기소개서를 각기 다른 회사의 맞춤형으로 바꾸려면 어떻게 해야 할까.

우선 회사가 우리에게 묻는 방식을 똑같이 따라 하면 된다. 회사는 일단 뻔한 질문으로 시작해서 이후 회사만의 특성을 입히는 방식으로 이력서 양식을 만든다. 우리도 뻔한 질문에 대한 뻔한 답변에서부터 시작하면 된다. 거기서 하나씩 확장해나가는 것이다. 그러기 위해서 가장 필요한 것은 바탕이 되는 원재료, 원석이다. 가장 기본이 되는, 소설이나 시나리오로 치면 초고가 있어야 한다.

나도 모르는 나를 자기소개서에 녹여내기 위해
가장 먼저 해야 할 일!
"내가 나를 아는 것이 먼저다. 내가 주인공인 영화 한 편의
시나리오를 만들어보자."

영화는 대개 어떻게 흘러가는가. 행복한 삶 혹은 어려운 삶을 이어가는 주인공이 먼저 등장한다. 그 주인공이 바로 나다. 주인공은 아마도 꿈 혹은 목표가 있을 것이다. 그리고 그 꿈을 향해 가는 무수한 길들이 있을 것이다. 어떤 길은 순탄하고 막힘없이 가기도 하지만, 어떤 길은 온갖 역경과 장애물들이 기다리고 있다. 그리고 클라이맥스에 가장 큰 사건이 벌어진다. 그 사건은 하나일 수도 있고 몇 개의 사건들이 연이어 나올 수도 있다. 그리고 주인공은 클라이맥스에서 그 사건들을 해결한다. 그리고 성장한다. 사건 전후로 무언가 달라진다. 무언가를 얻는다.

내가 만든 나의 영화 한 편을 완성하면 그 안에 자기소개서의 모든 항목이 들어 있다. 영화에서 쉽게 볼 수 있는 사건, 복선, 반전 등도 활용해보자.

영화 한 편 만들 듯 해보라고 하니 어렵다고 느낄 수도 있겠다. 그러면 단순하게 가보는 것도 방법이다. 나의 연대기를 작성해보자. 출생부터 지금까지 연도별로도 좋고, 교육 과정별로도 좋다. 아니면 시간의 역순으로 해도 좋다. 시간의 흐름 곳곳에 큰 사건들을 집어넣는다. 사건을 파헤친다. 사건이 일어난 배경, 갈등, 갈등의 해결, 대단원까지 분석해본다.

아주 작은 것, 당연하다 여겨온 것도 사건이 될 수 있다. 예를 들면 내가 A 대학 경영학과에 입학한 것도 큰 사건이 될 수 있다. 왜 경영학을 선택했는지, 배우는 과정에서 가장 어려웠던 점은 무엇인지, 지금 내가 하고 싶은 일에 경영학이 미친 영향은 무엇인지, 그래서 결국 경영학을 배운 나는 무슨 일을 할 수 있는 사람으로 바뀌게 되었는지를 분석하는 것이다.

사건은 다양해야 한다. 학문, 가족, 교우관계, 취미, 방황했던 일, 경제적 형편 등 다양한 각도에서 바라봐야 한다. 그 모든 것들이 합쳐지며 '나'라는 사람이 완성되기 때문이다.

내가 주인공인 영화 시나리오 한 편, 혹은 연대기가 완성됐다면 아주 좋은 원재료를 갖춘 것이다. 거기에 지원할 회사의 특성을 더해 훌륭한 자기소개서로 꾸미는 일만 남았다.

자기소개서의 원재료를 만드는 꿀팁

1. 내가 보는 나, 남들이 보는 나

처음 취업 시장에 뛰어들었을 때 자기소개서의 장단점 항목에 두세 개를 겨우겨우 적어넣었다. 내가 나를 아무리 들여다봐도 딱히 잘하는 게 없고, 그렇다고 특별히 모자란 부분도 없었다. 지금 생각하면 조금 우습다. 내가 나를 바라본다는 것은 전혀 객관적이지 않기 때문이다.

주변 사람의 이야기를 들으면 상황이 완전히 달라진다. 나와 가장 가까운 사람들의 이야기를 경청해보자. 거기에 자기소개서의 수많은 소스가 들어 있다. 부모님, 형제, 십년지기 친구, 이성 친구에게 물어보자. 내가 잘하는 게 뭐고 내가 못하는 게 무엇인지. 아마 하룻밤을 새워도 모자랄 수많은 이야기를 늘어놓을 것이다.

내가 보는 나도 물론 다양한 이야기들이 존재한다. 하지만 남들이 보는 나는 더 객관적이다. 더 잘 드러나는 점을 알 수 있게 해준다. 사소한 말버릇부터 생각의 흐름까지, 소름 끼칠 정도로 나보다 나를 잘 아는 사람들이 여러분 곁에 있다. 놓치지 말고 활용하자.

2. 단점도 써먹을 곳이 있다

사람에겐 자신의 치부를 드러내고 싶지 않은 본능이 있다. 당연히 방어적 자세를 취할 수밖에 없다. 그래서 "단점이 없는 게 단점입니다", "너무 완벽해지려 하는 것이 단점입니다" 등의 뻔한 대답을 끼워 맞추곤 한다.

하지만 단점도 써먹을 곳이 있다. 내 단점을 어떻게 활용할 수 있는지를 고민해봐야 한다. 또한 내 단점을 명확하게 파악하고, 그것을 극복하기 위한 노력을 어떻게 하고 있는지를 보여주면 굉장한 플러스가 될 수 있다.

"저는 지나치게 예민한 편입니다. 자다가도 몇 번씩 깹니다. 하지만 예민함은 반대로 세심하다고도 말할 수 있습니다. 주어진 일 하나하나 허투루 보지 않고 예민하게 챙기겠습니다. 또 예민함보다 무딤이 필요한 순간에는 선배들에게 조언을 받아 다듬어 나가겠습니다."

3. 편집의 오류

지원자들은 A사에 지원했던 자기소개서를 편집해 B사에 지원하는 실수를 저지른다. A사의 자기소개서에 이전에 지원한 B사의 이름을 기재하는 웃지 못할 실수가 발생하는 것도 그런 연유에서다.

자기소개서를 편집 없이 처음부터 쓰기란 여간 어려운 일이 아니다. 시간도 없고 소스도 부족하다. 편집을 하지 말라는 이야기가 아니라 편집을 잘 활용하되, 반드시 원재료를 바탕으로 하라는 것이다. 원재료를 두고 지원할 회사에 맞게 더하고 빼야 한다.

다른 곳에 이미 사용한 자기소개서를 원재료로 하면 실수가 생길 수밖에 없다. 사람의 머리는 내가 쓴 글에서 오류를 발견하기 쉽지 않게 설계돼 있다. 원재료를 가공하는 게 아니라, 이미 한번 가공된 글을 또 가공하려 하면 여러 어려움에 부딪히게 된다. 한번 냉동된 고기는 녹았다 다시 냉동시키면 고기의 질이 확 떨어져 버린다. 괜찮다 생각되다가도 돌아보면 모순점이 여러 가지 튀어나오게 된다.

필기시험 출제자는 무슨 생각을 할까?

　취업준비생 시절 스터디를 할 때 실기보다 필기를 먼저 준비했다. 취준생 시절부터 지금까지 변하지 않는 생각은 머릿속이 가득 차야 할 이야기도 많고, 무엇이든 자유자재로 말할 수 있게 된다는 것이다. 아나운서 생활을 하는 지금도 마찬가지다. 어떤 방송을 하더라도 며칠 전부터 해당 내용을 철저하게 공부하고 연구한다. 머리가 나빠서 무엇이든 공부하지 않으면 안 되는 나 자신이 괴롭긴 하지만, 치열하게 고민하고 분석한 일을 끝냈을 때 느끼는 보람은 이루 말할 수 없다.

　시험도 똑같다. 종류가 무엇이든, 상식이든 논술이든 작문이든, 아는 게 많은 사람은 유리할 수밖에 없다. 안다는 것은 말할 거리가 많다는 이야기고, 그 지식을 한 번 더 생각해봄으로써 말도 유창해진다. 더 큰 통찰력도 생긴다. 하나의 아이템을 한 달 동안 취재한 기자에게 특정 기사에 관해 물으면 청산유수일 수밖에 없다. 한 편의 작품을 연출한 PD, 연기한 배우 역시 마찬가지다. 어떤 질문을 받아도 시간이 없어 길게 말하지 못할 뿐, 하고 싶은 이야기투성이다.

필기시험 출제위원이 됐을 때 가장 큰 고민은 '문제를 어디에서 낼 것인가?'였다. 적어도 시험 보는 것보다는 편할 줄 알았던 출제위원의 길은 험난했다. 취준생 시절보다 공부를 더 해야 했으니 말이다. 특히 언론사 시험은 딱히 범위가 있는 것도 아니고 세상의 모든 분야를 다루는 일이기에, 출제자도 난감할 수밖에 없었다. 출제 경험이 있는 선배에게 자문하고 스스로 고민에 고민을 거듭하다 결국 두 가지 기준에 도달할 수 있었다.

'시의성 있는 문제를 내자.'
'직무 관련성을 우선시하자.'

출제위원 의식의 흐름이 이러하니 결국 최근 가장 떠오르는 이슈는 꼭 챙겨봐야 한다는 이야기다. 뉴스를 챙겨보고 신문에 나오는 용어들을 공부해두자. 하지만 거기에만 그친다면 해야 할 일의 반도 못 한 것이다. 하나의 주제에 대한 찬반 입장을 정리하고, 덧붙일 자기 생각까지 정리해두어야 한다.

예를 들어 비혼모에 대한 주제라면, '자발적 비혼모', '비혼부' 같은 용어에 대한 정확한 정리와 더불어 '사랑이 법' 같은 관련 법안, 상충하는 주제도 알아둬야 한다. 거기에 더해 자신의 짧은 코멘트까지.

직무 관련 문제는 오히려 편할 것이다. 방송이면 방송, 경영, 경제, 사회 등 다 똑같다. 내가 지원하는 곳에 관련된 전문용어와 필수지식은 하나도 놓쳐선 안 된다.

필기시험을 준비하는 바른 자세!
"시의성 있는 주제를 챙기는 것은 기본 중의 기본.
직무 관련 지식은 하나도 놓치지 말자.
지식 쌓기에 그쳐선 안 된다. 나만의 생각 정리는 필수."

물론 이 이야기는 공무원 시험이나 한국은행의 채용 필기시험처럼 과목이 정해져서 점수를 따야 하는 시험에는 적용되지 않는다. 그런 시험들은 다른 방법이 없다. 죽어라 열심히 들여다보는 것이다. 정해진 범위 안의 것들을 집중적으로 파서 실수 없이 문제를 풀어내는 것이 가장 중요하다.

하지만 '상식', '한국어' 같은 제목이 붙는 시험은 가장 먼저 할 것이 최근의 용어 정리다. 그리고 하나에서 파생되는 수많은 꼬리 지식을 넓혀가는 것이다. 예를 들어 모두가 어려워하는 경제를 공부한다 쳐보자. '미국 채권금리 상승, 유동성 위축에 대한 우려로 증시가 대폭 하락하였다'라는 문장이 나온다면 '채권', '유동성'의 개념을 확실히 익힌다. '유동성'을 공부하다 보면 '인플레이션', '테이퍼링' 등의 단어가 꼬리를 물어 등장한다. 그럼 또 그것들을 공부한다. '인플레이션'을 공부하면 '디플레이션', '스태그플레이션' 등의 단어도, '테이퍼링'을 공부하면 '환율', '양적 완화' 등의 주제도 공부하는 것이다. 거기에 '카플레이션'처럼 새로 생기는 말들까지 알아두면 완벽하다.

작문, 논술 대비는 많이 알고 많이 써야 한다. 작문과 논술 시험을 준비하는 최고의 방법은 '써보는 것'이다. 많이 쓰는 놈을 당해낼 수 없다. 살짝 자랑을 섞자면 07년도 MBC 아나운서 시험 작문 과목의 1등은 다른 사람이 아닌 나였다. 태어나서 유일무이하게 1등을 한 시험이 그 작문이었다. 죽어라 써본 결과였다. 자랑하느라 옆으로 샜지만, '써보는 것'에는 '아는 것'이 전제한다. 모르면 죽어라 쓸 주제가 없다. 하고 싶은 말도 없다. 궁금한 것도 없다. 일단 채워야 한다. 그리고 여기에는 하나의 시선을 추가하는 것이 좋다. '작문 = 세상을 따스하게(슬프게, 힘들게, 밝게 등) 바라보기', '논술 = 세상을 비판적으로 바라보기'.

　면접 준비한다고 필기시험을 후순위로 아예 빼놓고 생각하는 사람들이 많다. 하지만 경계해야 한다. 수많은 취업 시험의 형태에 따라 최우선으로 삼아야 할 것은 달라지지만 그 베이스에는 필기시험 준비, 즉 머릿속을 채우는 것이 있어야 한다. 매일매일 보기 어렵다면 일주일에 적어도 한두 번은 꺼내놓아야 한다. 아예 배제하면 낭패를 볼 수 있다. 반대로 지식, 나만의 생각이라는 보석을 규칙적으로 차곡차곡 쌓아두면 그 내공과 실력이 빛을 발휘할 날은 분명히 찾아온다.

면접 차수에 따른
전략적 접근법

면접이 한 번으로 끝나는 회사도 있지만 큰 기업일수록 다양한 면접시험이 기다리고 있다. 1차 면접, 2차 면접 같은 식으로 단순히 순번을 부여하는 곳도 있고, 기술 면접, 인성 면접 등 중점을 두는 부분을 미리 짐작할 수 있게 하는 경우도 있다. 워낙 많은 형태의 면접이 존재하다 보니 지원자의 입장에서는 다양한 상황에 어떻게 대처해야 하는지 어려움을 느낄 수밖에 없다.

가장 많은 유형은 1차 면접, 2차 면접처럼 단순히 순차적으로 번호를 부여해 면접을 보는 경우다. 먼저 1차부터 3차까지 면접이 치러지는 곳이라 가정하고 이야기를 이어가 본다. 이경우는 숫자가 올라갈수록 면접관들의 직책이나 직급이 상승하는 것이라 보면 된다. 1차 면접에 팀장이나 10년 차 전후의 경험 있는 사원이 면접관으로 들어온다고 하면, 2차 면접에는 조금 더 높은 사람들이 면접관으로 들어오게 된다. 최종면접 쯤 되면 대개 대표이사 혹은 임원급이 면접관으로 들어올 가능성이 높다.

면접관에 따라 면접의 분위기는 판이해진다. 먼저 팀장 혹은 가장 많이 일하고 있는 주축 사원이 들어오는 1차 면접의 경우 절대 놓쳐선 안 되는 점이 하나 있다.

1차 면접에서 절대 놓쳐선 안 되는 포인트!
"함께 일하고 싶은 동료로 비쳐야 한다."

이 부분에 합격점을 받지 못하면 첫 관문을 넘지 못할 공산이 크다. 1차 면접은 대개 실무자들이 면접관이다. 그들에게는 회사 전체의 인재상도 물론 중요하지만, 그보다 우선하는 것이 바로 '내가 함께 일할 사람'을 뽑는 것이다. 자신의 부서 혹은 옆 부서에서 매일 마주하는 사람을 뽑는 것이기 때문에, 능력은 출중해도 너무 이기적으로 보이거나 조직원으로서 부족한 면을 보이는 것은 곤란하다. 무조건 상명하복식의 느낌을 주라는 것이 아니다. 본인의 능력과 매력을 마음껏 어필하

되 조직의 말단 역할도 충실히 할 수 있다는 것을 함께 보여
줘야 한다. 자신이 내세울 수 있는 최고의 스펙과 다양한 경
험을 보여주면서도 마지막 순간에는 낮은 자세로 마무리해야
한다. 무엇이든 해낼 수 있지만 내 능력을 과신하지 않고 조
직원으로서 배우면서 겸손하게 당신들을 보좌하겠다는 자세
를 꼭 보여줘야 한다.

2차 면접은 각 회사의 부장급이 면접관으로 들어온다. 부장
은 회사의 고위층과 실무진의 징검다리다. '동료'의 느낌보다
내가 회사에 필요한 '인재'라는 느낌을 주며 접근해야 한다.

2차 면접에서 절대 놓쳐선 안 되는 포인트!
"관리자가 보기에 나는 어떤 사람일까?"

부장급은 관리직이다. 밑의 부하들을 효율적으로 관리해
성과를 만들어내는 위치다. 내가 이 회사에 왜 필요한지를 구
체적으로 고민하고 어필해야 한다. 부장은 최소 10년 이상을
회사에 바친 사람이다. 그러니 애사심을 중간중간 잘 끼워 넣
어야 한다. 또한 부장은 실무를 막 마치고 상급 관리자로서
첫걸음을 떼는 단계다. 실무 또한 빠삭한 경우가 많으니 실무

에 대한 전문성도 어필하자.

3차 면접은 사장이 등판하거나 그 바로 밑 임원이 면접관으로 나온다. 사실 여기서 결과를 뒤집기는 쉽지 않다. 면접 전형이 진행되며 부장 및 팀장이 이미 눈여겨본 지원자들이 있기 때문에 사장이나 임원은 이미 면접 점수가 높은 지원자들을 보고 받아 알고 있다.

3차 면접에서 반드시 명심해야 하는 포인트!
"역전해서 붙기는 어려워도 점수를 깎아 먹어 떨어지기는 쉽다."

해당 부서의 장은 임원들에게 미리 언질을 주거나 1, 2차 면접의 결과표를 보고해둔다. 이를 보고 받은 사장(혹은 임원)은 아무리 제로베이스라 하더라도 선입견을 품고 면접을 볼 수밖에 없다. 아무리 지위가 높아도 실무자와 관리자가 어느 정도 추려둔 점수를 무작정 외면하기는 쉽지 않다. 때문에 지원자들의 실력이 엇비슷할 때는 실무자들과 관리자들이 좋은 점수를 준 이들을 확인하고 큰 무리가 없어 보이면 그들을 합격시킬 가능성이 높다.

다만, 너무 거슬리면 이전의 점수가 높아도 사장(혹은 임원)의 한마디로 떨어질 수 있다. 그동안 점수가 낮았던 지원자가 붙기는 어려워도, 이전 차수 면접의 점수가 좋았던 사람이 떨어질 수는 있는 것이다. 그러니 결론은 하나다. 지금까지 해온 그대로 나를 보여주는 것. 그리고 과유불급.

3차 면접까지 가지 않고 2차 면접으로 끝나는 회사들도 많다. 그럴 땐 1차 면접을 실무자+관리자 전형, 2차 면접을 임원 면접이라 생각하고 잘 버무려 임해보자.

이것은 어디까지나 면접에 임하는 전략일 뿐이다. 이 이야기를 너무 의식해 내가 해야 할 말을 당당히 하지 못한다면 오히려 역효과가 날 수 있다. 내가 가지고 있는 강점과 약점은 큰 맥락에서 크게 바뀌지 않는다. 위의 이야기는 그동안 준비한 모든 것들을 쏟아붓는다는 가정하에 면접 차수별로 디테일을 첨가하는 과정이다. 면접에서 가장 중요한 것은 나를 보여주는 것이다. 그것을 완벽히 준비한 후에 세부적인 부분들을 조금씩 가다듬어보자.

토론면접의
숨은 비밀

　다양한 면접의 형태 중 단골손님이 하나 있다. 여러 명의 지원자가 한꺼번에 들어가 하나의 주제에 대해 치열한 갑론을박을 벌이는 토론면접이다. 토론면접의 주제는 각양각색이다. 그 내용에 따라 분위기는 물론이고 지원자를 평가하는 기준 역시 판이해진다.

　가장 많이 접하는 토론면접은 사회적으로 가장 뜨거운 이슈 혹은 묵직한 주제를 두고 논리적 사고를 보는 유형이다. 하나의 주제에 대한 상식을 얼마나 가졌는지, 자기 생각을 논리 정연하게 정리해 이야기할 수 있는지 등을 보는 것이 가장 큰 목적이다. 사회에 대한 관심과 애정이 얼마나 있는지, 그것을 잘 알고 대처해나갈 수 있는 능력이 있는지 역시 드러나게 된다.

두 번째는 가벼운 주제를 놓고 사회적 유대성을 보는 유형이다. 예를 들면 "항해 중 표류해 무인도에 살게 됐다. 가장 필요한 물건 세 가지는 무엇인가?" 따위의 아주 가벼운 내용이다. 이는 주제 자체가 중요하기보다는 남을 얼마나 설득시킬수 있는지 혹은 일의 추진력, 기획력을 간접적으로 보기 위함이다. 또한 덤으로 조직원으로서, 한 직장의 일원으로서 얼마나 친화력이 있을 것인지를 볼 수 있다. 또한, 사회초년생으로서 해당 기업에서 중요시하는 덕목을 갖추고 있는지를 알아낼 수 있다.

언급한 두 가지 유형이 가장 흔한 토론면접의 유형이고, 엔지니어 직군의 기술 토론처럼 해당 직무 분야에 직접적인 지식을 요구하는 전문분야 토론면접도 있다. 하지만 이런 여러가지 토론면접의 유형 밑에는 공통적으로 숨어 있는 비밀이하나 있다.

토론면접의 숨은 비밀!
"모든 토론면접의 밑바탕에는 인성면접이 깔려 있다."

토론면접의 면접관 경험을 되살려보면, 면접관으로서 가장 난해했던 부분은 지원자의 디테일에 집중하기 쉽지 않다는 것이었다. 하루에 수십에서 많게는 백 명도 넘는 지원자를 만나는 것이 면접관의 일이다. 워낙 많은 지원자가 한꺼번에 차례로 말을 이어가는 것이 토론면접이기에, 논리상의 크나큰 허점이 보이거나 맞춤법의 오류가 반복되는 것처럼 기본적인 소양에 크게 문제가 있는 경우를 제외하고 세세한 부분의 오류까지 짚어내기란 쉽지 않다.

반대로 면접관이 크게 신경을 곤두세우지 않아도 가장 크게 들어오는 부분, 가장 티 나는 부분이 하나 있다. 그건 바로 지원자의 인성이다. 면접장에서 처음 본 사람의 인성의 깊이를 어찌 한 번에 쉽게 알 수 있냐 반문할 수 있지만, 이 점은 우리가 살아오며 이미 알고 있는 부분이다. 지금껏 인생을 얼마나 살아왔는지, 어떤 길을 밟아왔는지는 중요치 않다. 학교든 직장이든 친목 모임이든, 첫인상이 안 좋았던 사람은 대개 나와는 맞지 않는 사람, 좋지 않은 사람으로 기억된다. 장소가 어디든 좋지 않은 인성을 풍기는 사람은 쉽게 드러나기 마련이다.

심지어 토론면접은 다른 면접보다 시간이 꽤 주어지는 편이다. 지원자가 면접관에게 보다 많은 시간 동안 노출된다. 그러다 보니 그 어떤 면접보다 인성적인 측면이 가장 많이 노출된다. 면접관이 봤을 때 주제와 상관없이 인성적으로 마이너스라는 느낌을 받으면, 지원자가 아무리 뛰어난 논리력과 통찰력을 보여준다 해도 최대치의 점수를 받아내기 힘들다.

내가 면접관을 하던 당시 인성적으로 부족해 보였던 지원자들, 한마디로 꼴불견이었던 유형은 다음과 같다.

나만 돋보이려고 과도하게 다른 사람의 의견을 무시하는 어투를 지닌 사람, 특별한 상황도 아닌데 다른 지원자의 말을 자주 끊고 들어가는 사람, 상대가 무슨 말을 하는지 제대로 듣지 않아 앞에서 한 말을 자꾸 반복하는 사람, 주제의 흐름과 상관없이 자기 할 말만 하는 사람 등이다.

이런 사람은 면접관도 눈살을 찌푸리게 되고 이는 점수에 반영될 수밖에 없다.

물론 토론면접은 자신을 드러내야 한다. 누구든 발언권이 있는 자유로운 토론면접에서 단 한마디도 못 하고 돌아선다면 면접관은 좋은 점수를 주기 힘들다. 점수를 줄 명분이 없기 때문이다.

하지만 명심하자. 기회를 많이 얻을수록 내가 많이 노출된다. 내가 노출된다는 이야기는 내 강점은 물론이고 부족한 점까지 많이 드러난다는 뜻이다. 그중에서도 가장 쉽게 들킬 수 있는 것이 인성적 측면이다.

배려 속에서 나만의 매력을 뽐내야 한다. 배려 없는 지원자라는 낙인이 한번 찍히는 순간 그것을 만회하기란 정말 어렵다.

그 밖의 토론면접 깨알팁

1. 기선제압은 효과가 있다

개인당 할당 시간 부여 등 동등한 기회를 부여하는 장치가 없는 경우, 여러 사람이 동시에 말하는 토론면접은 들어가는 타이밍을 잡기 쉽지 않다. 토론면접장의 분위기는 대개 처음에는 조용하고 서로 눈치를 보다 어느 순간부터 달아오른다. 그 순간이 오면 도서관 분위기에서 시장 느낌으로 확 바뀐다. 뒤쪽으로 갈수록 기회는 점점 줄어든다. 그러다 보면 끌려갈 수밖에 없고 맞장구만 치고 있는 나를 발견할 수도 있다. 그러다 어느덧 토론은 끝난다. 초반에 화두를 제시하고 자신이 가장 잘 아는 분야의 주제로 토론장 전체의 분위기를 이끌어보자. 다만, 배려는 필수다. 분위기를 한껏 내 것으로 만들었어도 배려 없는 사람은 인성에서 마이너스다.

2. 짧은 시간이지만 순식간에 주연과 조연이 나뉜다

주어진 시간이 길다면 길고 짧다면 짧은 것이 토론면접이다. 그 시간 동안 주연과 조연이 드러난다. 악역과 선한 역할 역시 마찬가지. 조금 더 시간이 흐르면 '악역이지만 매력 있는 사람'과 '그냥 악역'인 사람도 나뉜다. '주연이지만 비호감인 사람'과 '조연이어도 묵묵히 자기 할 말 다 하는 사람'도 그렇다. '말만 많고 알맹이 없는 사람'과 '말수는 적어도 임팩트 있는 사람'도 갈린다. 선택은 나의 몫이다. 그 짧은 시간 나의 콘셉트는 내가 정해서 가야 한다. 애매한 캐릭터보다 하나의 역할과 수위를 정해보자. 주연으로 과하지 않게, 조연으로 중간은 가지만 개성 있게 말이다. 이도 저도 아닌 사람만 되지 말자.

3. 다른 토론자의 말을 아주 짧게라도 칭찬하고 시작하라

다른 토론자의 의견에 동의하는 부분이 있다면 살짝 짚어주는 모습은 서로에게 윈윈이다. 반대하는 것도 윈윈이 될 수 있다. 상대의 이름까지 불러주면 더욱 좋다. 아주 작은 것이지만 사람에게서 나오는 향기가 달라진다. 면접장의 분위기도 사뭇 달라진다.

화상면접 대비하기

카메라 속 내 모습을 난생처음 봤을 때 소스라치게 놀란 경험이 있다. 내가 생각하는 나는 그렇게 못나 보이지 않았었는데 화면 속의 저 누추한 분은 누구란 말인가. 내 얼굴이 저렇게 낯설다니, 정말 충격이었다. 물론 평소엔 각종 앱으로 예쁘고 멋지게 자기 모습을 바꿀 수 있지만, 면접 카메라 앞에선 어림없다. 보정이 없는 일반 카메라에 비치는 모습은 실물의 나와 많이 다르다. 당연히, 안 좋은 쪽으로 많이 다르다.

코로나 시대 이후 채용 시장의 문화도 많이 바뀌었다. 비대면 면접이 제법 늘어났고, AI면접도 등장했다. 사실 코로나 이전 시대에도 영상을 통한 심사는 있었다. 코로나가 창궐하기 전인 2016년에 채용심사위원을 맡은 적이 있었는데 당시 나는 천 편도 넘는 영상을 보며 1차 시험을 심사했다.

아나운서 생활을 하면서 자연스레 알게 된 사실이 있다. 방송계에는 흔히 '카메라 마사지'라는 표현이 있다. 카메라가 마사지해주는 건가 착각할 정도로 카메라 앞에 자주 서면 설수록 화면에 잘 나오고 멋있어진다는 것. 실제로 카메라 앞에 서는 직업을 가진 사람 중 대부분이 날이 갈수록 변신에 가까운 변화를 만들어낸다. 그래서 흔히 '카메라 마사지'가 그냥 시간이 흘러가며 자연스럽게 되는 것이라 오해하곤 한다.

하지만 '카메라 마사지'는 시간만 흐른다고 저절로 이루어지는 것이 아니다. 그 안에는 수많은 노력이 숨어 있다. 표정과 자세는 어느 정도가 적당한지, 메이크업으로 어떤 점을 보완해야 하는지, 내게 맞는 제스처는 무엇인지 치밀하게 연구한 뒤에야 진정한 '카메라 마사지'의 효과가 나타난다.

카메라 앞에서 호감 가는 나를 만들려면!

"표정, 자세, 제스처는 연습하지 않으면 절대 나오지 않는다.
남들의 미소를 훔치지 말고 나만의 개성을 찾아보자."

표정 연습

잘못된 표정의 대표적인 예가 소위 '미스코리아 표정'이다. 온몸이 완전히 굳어 있는 채로 입꼬리만 웃고 있다. 얼굴 전체의 근육이 움직이는 것이 아니라 딱 입만 웃고 있는 표정이라 자연스럽지 않고 인공적이다.

나만의 표정을 찾아야 한다. 카메라 속의 나는 일상생활에서 직접 마주하는 나보다 소극적이다. 분명 나는 웃고 있는데 카메라에서 보면 화가 난 것처럼 보일 때가 있다. 사진 찍을 때를 떠올려보자. 나는 한껏 웃고 있다고 생각하는데 찍어주는 사람에게 얼굴 좀 펴라는 말을 종종 들었을 것이다. 카메라 앞에서는 더 적극적으로 웃어보자. 연습을 하지 않으면 죽었다 깨어나도 되지 않으니 거울 앞에서, 카메라 앞에서 자신의 표정을 보며 가장 자연스러운 웃음을 찾아야 한다.

웃는 것 자체가 힘든 사람도 있다. 하지만 무표정 속에서도 호감 가는 표정을 만들 수는 있다. 미간을 찌푸리는 건 카메라에 아주 잘 드러난다. 초점 없는 눈 역시 사람을 어딘가 모자라 보이게 한다. 여러 무표정 속에서 내가 가장 호감 가는 무표정을 찾아내보자.

얼굴의 모든 근육을 활용하는 배우들처럼 우리도 얼굴 근육 사용법을 잘 익혀야 한다.

시선 처리
시선 처리만큼 어려운 것이 없다. 카메라에서 특히 잘 보이는 것은 눈동자가 돌아가는 것이다. 대면면접에서는 바로 앞의 면접관들과 눈을 맞춰가며 말하기 때문에 시선 처리가 어렵지 않다. 하지만 카메라가 익숙지 않은 범인들의 눈은 사방팔방으로 움직이기 마련이다.

뉴스를 전하는 아나운서의 눈동자가 여기저기 마구 움직인다면 어떨까? 보는 사람은 불안할 수밖에 없다. 정신 사나울 수밖에 없다. 나는 방송이 익숙하지 않은 분들과 함께 진행을 할 때 딱 세 곳을 정하라 알려준다. 그 세 곳은 카메라의 밑 부분, 원고가 놓여 있는 테이블, 그리고 눈이다. 한정된 곳 안에서 움직이는 시선은 전혀 불안하지 않다. 오히려 자연스럽다.

화상면접에서도 시선을 정해두자. 첫 번째는 당연히 카메라다. 카메라도 카메라의 정중앙인지 아래쪽인지를 정하자. 내가 가장 편한 곳에 고정하면 된다. 아래쪽에 고정하면 조금 턱을 내리는 효과가 더해져 좋다. 두 번째는 카메라 아래쪽 30도 정도에 포스트잇을 붙여놓고 '내가 볼 곳은 딱 두 군데, 카메라와 포스트잇'이라 머릿속에 입력해두자.

사실 카메라에 시선 고정이 어렵지 않은 사람은 줄곧 카메라만 보면 된다. 하지만 그게 어려운 사람들은 아래쪽에 시선 갈 곳 하나를 더 만들어두자. 시선이 위쪽을 향하면 없는 말을 지어내는 것 같다. 거짓말하는 것처럼 느껴질 수 있다. 옆으로 가면 주의 산만하다. 차라리 심사숙고하는 듯 보이는 30도 아래쯤이 낫다. 요는 카메라만 보기 어려울 때 도피처를 하나 마련해두는 것이다. 시선이 정해진 두 곳으로만 이동하는 것은 화면 속에서도 안정적으로 보인다.

바른 자세

의자에 등을 기대지 말고, 어깨를 펴고 가슴을 내밀며 턱을 당긴다. 늘 듣는 자세의 기본이다. 카메라 앞에서 어깨가 구부정하면 자신감이 없어 보인다. 반면, 턱을 들면 보는 사람 입장에서는 위에서 밑으로 나를 내려다보는 느낌이 들어 건방져 보인다.

여기에 가장 중요한 것 하나를 추가해야 한다. 어깨에 힘을 빼는 것이다. 처음 카메라 앞에 서는 사람은 과도한 긴장으로 어깨가 굳어버린다. 어깨가 굳으면 얼굴도 굳는다. 표정이 사라진다. 혀도 굳는다. 말도 제대로 안 나온다. 내 역량의 반도 발휘하지 못한다. 면접 전 자세를 잡을 때 반드시 어깨를 풀어주자. 최대치로 어깨에 힘을 준 다음 스르르 풀며 어깨를 살짝 내리면 된다.

카메라 앞에서 작은 제스처는 잘 보이지 않는다. 제스처를 취하고 싶다면 평소보다 최소 두 배는 더 크게 해야 잘 드러난다.

손을 어디에 둘지 몰라 정신을 못 차리는 경우가 있다. 테이블 위에 가지런히 올려두는 것이 가장 안정적이지만, 테이블이 없다면 어깨에 힘을 뺀 채로 손을 펴서 허벅지 위에 올려두자. 정 안 되겠으면 깍지를 끼자.

카메라 앞에서 내가 불안감을 느낀다면 이는 보는 사람에게도 전달된다. 마찬가지로 카메라 앞에서 내가 편안할 때 시청자 역시 안정감을 느낀다. 카메라 앞에 서는 게 편해질 때까지 카메라를 자주 접하자.

1. 카메라 앞에 많이 서는 것만큼 좋은 훈련은 없다

베테랑 방송인들이 방송을 잘하는 이유 중 하나는 익숙함이다. 처음 방송할 때는 카메라라는 존재가 어색해서 괜히 자신을 억지로 꾸며 내기도 한다. 하지만 카메라가 익숙해지면 있는 그대로의 나를 보여 줄 수 있게 되고, 그것이 방송 능력으로 이어진다.

특별하고 값비싼 장비가 필요한 게 아니다. 휴대전화 카메라를 켜고 그 앞에서 매일 무언가 떠들어보고, 브이로그처럼 자연스러운 장면을 녹화해보는 것으로 충분하다. 자주 카메라 앞에 서다 보면 어느새 친한 친구와 대화하는 것처럼 능숙해지고 여유도 생긴다.

2. 다이어트가 필요한 사람이 있고 아닌 사람이 있다

화면은 거짓말을 잘한다. 유명 연예인을 떠올려보자. 톰 크루즈나 이병헌 씨가 키가 크지 않다는 사실을 화면만 보고는 쉽사리 알 수 없다. 방송인들의 실물은 화면과 크게 차이가 난다. 실제 얼굴의 윤곽과 입체감 정도에 따라 화면 속의 얼굴은 천차만별로 달라진다.

공통적인 건 하나 있다. 화면 속의 나는 실제 나보다 2~3kg 정도 더 살쪄 보인다는 것이다. 그렇다고 무조건 다이어트가 능사는 아니다. 예능에서 만난 아이돌들은 바람 불면 쓰러질 것 같은, 영양실조가 의심될 정도로 가늘디가는 체형을 가지고 있었다. 취업준비생은 연예인을 뽑는 것이 아니기 때문에 그 정도까지 갈 필요는 없다.

늘 카메라 앞에 서는 방송인 중에는 살을 빼야 좋은 외모가 있고, 오히려 조금 찌워야 화면에 잘 어울리는 사람이 있다. 무조건 뺀다고 좋은 것이 아니라는 것. 화면 속 나를 주변에 보여주며 모니터링해서 최상의 상태를 찾아내 보자.

3. 가장 편안한 장소, 가장 무난한 장소를 선정하자

면접장이 어려운 이유는 내가 처음 가보는 장소, 내가 처음 만나는 사람에 대한 막연한 두려움 때문이다. 내가 가장 편안히 말할 수 있는 곳을 선정하면 긴장도는 자연스레 떨어지게 된다. 결국 집, 내 방이 제일 편하고 자연스럽다. 그게 여의치 않은 사람은 내가 불편한 장소는 절대 금물이라는 것만 기억하자.

4. '과유불급'이라는 말이 괜히 있는 것이 아니다

카메라 각도를 심하게 트는 것, 과한 메이크업, 난해한 헤어스타일, 너무 튀는 복장 등 과도함은 화상면접 시작부터 면접관들의 눈살을 찌푸리게 한다. 화상면접은 더 그렇다. 흔히 바스트 샷 위주로 요구되기 때문에 화면 속 인물의 비중이 거의 70~80%를 차지한다.
반대로 실제 면접장은 대개 시야가 퍼져 있다. 면접위원의 시각에서 보면 널찍널찍한 공간에 지원자의 비중은 화상면접처럼 높지 않다. 풍경을 많이 잡고 인물을 작게 잡는 사진 기법을 생각해보면 이해가 쉽다. 무엇이든 과도함은 경계하자.

5. 자세는 순식간에 사람의 인상을 바꿔버린다

현대인의 불치병 중 하나인 거북목은 사람을 자신 없어 보이게 한다.

척추에 과도한 힘과 긴장을 주면 경직된 사람처럼 보인다. 테이블 위에 어색하게 놓인 손 또한 면접관의 시선을 분산시켜서 지원자의 말에 집중하지 못하게 한다.

화상면접이 아니더라도 자세는 늘 연습해야 한다. 앉아서 하는 면접, 서서 하는 면접 등 다양하니 나만의 좋은 자세를 찾고 훈련해야 한다.

직무면접에서
머릿속이 백지가 될 때는 이렇게

A사의 직무 면접장이었다. 28개월간의 군 복무 직후 치른 면접이었기에 내 머릿속에 들어 있는 전문 지식은 거의 없었다. 눈을 씻고 몇 번을 다시 봐도 도무지 알 수 없는 전문용어들 앞에서 나는 아무 생각도 나지 않았다. 할 수 있는 대답은 하나뿐이었다.

"죄송합니다. 제가 지난달에 군에서 전역했습니다. 전문적인 영역에서는 지금 약할지 모르지만 저는 남들보다 빨리 배웁니다. 입사 후 누구보다 더 잘할 수 있다는 자신감으로 무장돼 있습니다."

군대에서나 먹히는 이런 대답이 대기업 면접장에서 통할리가 없다. 당연히 탈락의 고배를 마셨다.

반면 내 친한 동료 K는 합격했다. 똑같이 ROTC로 군 생활을 하고 같은 해에 전역했다. 학창 시절에 나와 학점도 비슷했고 전공에 대한 이해 수준 역시 크게 차이 나지 않았다. 군 생활이 나보다 더 바빴으면 바빴지 결코 한가하지 않았고, 별도로 시간을 할애해 취업 공부에 쏟을 수 있는 상황이 아니었는데, 어떻게 K는 그 어려운 전문면접을 통과한 것일까.

아무리 친한 동료라 해도 합격 직후에는 이것저것 물어보기가 창피했다. 자존심도 많이 상했다. 모든 조건이 엇비슷한데 친구는 붙고 나만 떨어지니 인생의 낙오자가 된 것 같았다. 시간이 많이 흐르고서야 K에게 합격의 비결을 물어볼 수 있었다.

"야, 그때 너 언제 시간을 내서 공부했냐? 자식 은근히 치밀하네. 그때 나왔던 문제 난 하나도 모르겠던데……. 어떻게 했길래 붙은 거야?"

그러자 K는 웃으며 대답했다.

"나도 똑같았지 뭐. 공부할 시간이 어디 있었겠어. 제시된 문제가 세 개였잖아? 나도 잘 모르는 것들이었어."

'나처럼 모르는 것투성이였는데 합격했다고?'

K는 믿을 수 없다는 표정을 짓고 있는 나를 보며 말을 이어갔다.

"내가 학창 시절부터 반도체에 대해서는 빠삭했잖냐. 세 가지 주제 정도 파서 전문 답안을 만들었지. 세 가지 중 하나는 걸리지 않겠나 싶어서…. 그런데 예상이 모두 빗나갔잖아. 어쩔 수 없었어. 면접관들에게 정중하고 솔직하게 말씀드렸지. '죄송합니다. 제가 부족해서 제시된 문제는 정확히 발표하기 어려울 것 같습니다. 하지만 제가 가장 자신 있는 반도체 분야 PT로 대신해도 되겠습니까?' 하고 말이야. 그리고 유창하게 읊었지. 내가 워낙 관심이 있던 분야라서 꼬리질문도 막힘없이 대답하고 나왔어."

직무면접에서 머릿속이 백지가 될 때의 대처법!
"직무면접에서 아무것도 모를 땐 방법이 없다. 다만 비장의
무기 세 가지는 늘 지니고 있자. 면접관에게 양해를 구하고
내가 가장 잘 아는 분야를 PT하자. 제시된 주제에는 약해도
특정 분야에 강한 사람은 매력적으로 보일 수 있다."

인성면접과 직무면접은 천지 차이이다. 인성면접엔 '모른다'라는 것이 존재하지 않는다. 무슨 질문이든 즉석에서 대답이 가능하다. 정해진 정답이란 것이 없다. 하지만 직무면접은 미리 대비해두지 않으면 안 된다. 해당 직무에 대해 내가 가장

잘 아는 주제 세 가지 정도를 완벽히 준비해두자.

삼국지의 일화 중 제갈량이 유비가 위험에 처할 것을 예견하고 조자룡에게 세 개의 비단 주머니를 건네는 장면이 있다. 이후 실제로 유비는 난관에 봉착하게 됐고, 조자룡은 그때마다 제갈량의 비단 주머니 계책을 하나씩 활용하며 위기를 벗어날 수 있었다. 직무면접에서 머릿속이 백지가 된다면 내 머릿속에 입력해둔 비단 주머니를 꺼내보자.

그냥 모른다고 끝내는 지원자는 매력이 없다. 지원자에게 주어진 시간은 모두 공평하다. 그 시간을 '모른다', '죄송하다', '노력하겠다' 같은 하나 마나 한 소리로 메우지 말자.

모든 주제를 완벽히 알고 있는 지원자는 드물다. 앞에 있는 과제는 몰라도 강한 분야가 분명 있음을 보여주는 시도라도 해봐야 한다. 직무면접의 문제는 어느 정도의 운이 작용한다. 내가 잘 알고 있는 분야를 모두 빗겨나가면 재수가 없는 것이다. 하지만 운이 없었다고 자위하며 주저앉아버리기엔 면접이란 기회가 너무 소중하다.

대학 시절 전공시험에서 전혀 모르는 문제가 나올 때 대처하는 세 가지 유형이 있었다. 첫 번째는 그냥 백지로 내고 포기하는 사람, 두 번째는 교수에게 구구절절 편지를 쓰는 사람, 마지막 세 번째는 관련된 모든 것 혹은 내가 아는 모든 것을 빼곡히 기술하고 나오는 사람.

보통의 경우 세 유형의 사람 모두 당연히 빵점이다. 하지만 세 번째의 경우 교수에 따라 '여지'라는 게 생긴다. 정성이 가상해서, 혹은 정답과의 관련성에 따라 작은 점수라도 줄 수 있다.

면접장도 마찬가지다. 아주 작은 점수라도 챙기기 위해 노력이라도 해보는 것이다. 가능성이 희박해도 한번 해보는 것과 시도조차 하지 않는 것은 차이가 크다. 면접관에게 '여지'를 주는 것과 그렇지 않은 것은 더 차이가 크다.

꼬리질문
대비하기

    면접 대비 Q&A 준비는 면접 준비에 빠져서는 안 되는 필수적인 연습이다. 취업준비생들은 흔히 여기저기 돌아다니는 Q&A 리스트를 구하고 그에 대한 대답을 준비한다. 하지만 단순히 '면접 때 많이 하는 질문 베스트 30' 같은 것에 답을 달아보았다고 해서 끝이 아니다. 여기까지는 Q&A의 딱 절반을 준비했다고 보면 된다. 우리가 예상 가능한 질문은 면접관도 '뻔한 질문' 혹은 '필수 질문' 정도로만 인식한다. 흔한 질문과 답변 이후에 본 게임이 시작된다.

    본 게임이 바로 꼬리질문이다. 면접의 성패는 대개 이 꼬리질문이 오가며 갈린다. 면접관은 꼬리질문을 통해 표면적으로 드러나는 모습이 아닌, 그 이상을 알고 싶어 한다. 꼬리질문에서 훨씬 더 많은 것을 파악할 수 있기 때문에, 일반적으로 첫 질문은 틀에 박힌 질문(지원 동기나 포부 등)을 선택하고, 지원자의 대답을 바탕으로 즉석에서 궁금한 것들을 물어본다.

누구나 예상 가능한 질문은 누구나 알고 있고 누구나 준비하고 있다. 하지만 답변 내용을 바탕으로 한 꼬리질문은 그렇지 않다. 꼬리질문을 받으면 지원자들은 실제 마음을 들키게 되거나 당황하게 된다. 그래서 면접 준비할 때 꼬리질문에 대한 대비를 반드시 해야 한다.

내가 취업준비생 시절 썼던 방법은 꼬리질문의 꼬리질문까지 모두 준비하는 것이었다. 여기서 중요한 것은 면접관들에게 미끼를 던지는 것이다. 나는 MBC 3차 면접에서 뮤지컬에 대한 질문을 집중적으로 받았다. 취업준비생 당시 아마추어 뮤지컬 동호회 공연팀에서 활동했는데, 이 별거 아닌 경력을 '무대 경험'이라 뻔뻔하게 들이댔다. 그러자 면접관들은 관심을 보이기 시작했다.

"뮤지컬 공연을 자주 했다고요? 무슨 공연을 했죠?"
"네. 〈지하철 1호선〉, 〈렌트〉 등의 공연을 했습니다. 뮤지컬 공연을 하며 사람들 앞에서 말하고 노래하는 귀한 경험을 쌓을 수 있었고 발성과 발음도 더 가다듬을 수 있었습니다."

"뮤지컬하고 아나운서는 별로 관련이 없을 거 같은데…. 그렇지 않아요?"

"몇 차례 공연하면서 마이크 차고 무대 위에 서는 일이 익숙해졌습니다. 처음에는 무대에 올라간다는 것이 무섭고 긴장되는 일이었지만 공연을 거듭할수록 자신감도 생겼습니다. 긴장을 즐기는 법을 알게 됐고, 기분 좋은 떨림이란 게 무엇인지 체감할 수 있었습니다. 이런 경험을 바탕으로 아나운서로서 어떤 프로그램의 진행을 하더라도 즐기면서, 자신 있게 할 수 있을 거라고 생각합니다."

"그래요? 그러면 최근 했던 공연을 바탕으로 라디오 DJ 진행을 한번 해보시겠어요?"

나는 당시에 봤던 〈루나틱〉이라는 뮤지컬을 바탕으로 MC 멘트를 미리 준비했었기에 즉석 라디오 DJ 진행 요구에도 당황하지 않고 답할 수 있었다.

나는 첫 번째로 '뮤지컬 경력에 대한 흔한 질문'에 대한 '흔한 답변'을 준비했고, 두 번째로 '뮤지컬 경력과 아나운서 일의 연관성', 마지막으로 '뮤지컬 관련 프로그램 진행해보기'까지 준비했다. 그리고 그것은 절묘하게 맞아떨어졌다.

우선 소재 선정이 좋았다. 지금이야 누구나 쉽게 접할 수 있는 뮤지컬이지만 당시만 해도 뮤지컬에 배우로 나서는 것은 진귀한 경험이었다. 일단 궁금하게 만들어 질문을 유도할 좋은 아이템을 선정한 것이다.

그리고 두 번째 질문에 '나는 뮤지컬 경력을 바탕으로 어떤 프로그램도 진행할 수 있다' 같이 무언가 밑밥을 까는 일, '나 그거 한번 시켜주세요'라고 무언의 시위를 한 것이 포인트였다. 정형화된 첫 질문에서 끝날 수도 있는 상황을 꼬리질문, 그리고 또 한 번의 꼬리질문까지 유도해낸 것이다.

꼬리질문으로 승부하기!

"꼬리질문에 꼬리질문까지 대비하자. 꼬리질문부터는
면접관이 나를 더 궁금하게 만들어라.
물 수밖에 없는 떡밥을 투척하라."

대비를 철저히 하면 실제 준비하지 않았던 질문이 날아오더라도 전혀 당황하지 않을 수 있다. 유비무환만큼 든든한 전략은 없다.

꼬리질문 준비하는 꿀팁

1. 꼬리질문의 꼬리질문 준비하기

내가 궁금한 게 면접관이 궁금한 것일 확률이 높다. 하나의 대답을 놓고 내가 궁금한 점을 계속 이어가며 생각하고 정리해보자.

실제 내가 받았던 〈100분 토론〉 시민논객과 관련된 꼬리질문의 꼬리질문은 이렇다.

"시민논객을 했었네요?"

"가장 기억에 남는 주제가 한미 FTA였다고요? 본인은 찬성입니까? 반대입니까?"

"찬성하는 건 좋은데, 그럼 우리 농산물은 어떡합니까?"

당시 내 시민논객 경력은 당연히 질문이 들어올 걸 예상했다. 내가 썼던 방법은 내가 나에게 궁금한 점을 이어가며 정리하는 것이었다.

'나는 왜 시민논객을 했을까?', '그것을 통해 무엇을 느끼고 배웠을까?', '가장 기억에 남는 일은?', '가장 인상적이었던 주제는?', '그 일(혹은 주제)에 대한 내 생각은 무엇일까?', '혹시 반대되는 생각도 있지 않을까?' 등을 차례로 정리했고 그것은 적중했다.

꼬리질문의 꼬리질문을 준비하다 보면 한도 끝도 없다. 그리고 아무리 준비를 철저히 한다 해도 시험이라는 것은 내가 준비한 것을 요리조리 잘 피해 가는 속성이 있다. 하지만 준비는 절대 배신하지 않는다. 철저히 준비하다 보면 설령 내가 준비한 질문이 나오지 않더라도, 어느덧 어떤 질문에도 대처 가능한 나를 발견하는 순간이 올 것이다.

2. 드라마나 예능 프로그램의 예고편을 생각하며 대답해보자

잘나가는 프로그램의 예고편을 보면 공통점이 있다. 1분 남짓의 예고편에 시청자들이 궁금해할 내용이 가득하다는 것. 가장 핵심이 되는 장면, 궁금한 장면, 자극적인 장면만 모아 보여주기 때문이다.

당연히 자극적인 말은 면접에서 지양해야 한다. 하지만 핵심은 반드시 보여줘야 한다. 핵심이 되는 내용을 가장 빠르게 던지면서 면접관이 아닌, 내가 면접 내용의 주체가 돼야 한다.

3. 상황에 맞지 않으면 준비된 답변이 있더라도 과감히 포기하자

면접관 입장에서 보면 '답정너'인 지원자들이 종종 있다. 말 그대로 '답은 정해져 있으니 너는 질문만 하면 돼'라는 유형이다. 질문을 바꿔가면서 해도, 대답을 바탕으로 꼬리질문을 던져도 질문을 무시하고 본인이 준비한 답만 주야장천 하는 사람들이다.

면접관은 이런 지원자들을 보면 생각 정리가 안 돼 있거나 임기응변이 모자라는 사람으로 느낀다. 지원자에게 궁금한 게 있어 질문을 던지는데 엉뚱한 답변만 받으면 관심이 떨어지기도 한다.

100가지 질문에 대한 답변을 준비했다 하더라도 상황에 맞지 않으면 과감히 포기해야 한다. 100가지 중에 두세 가지만 써먹는다 생각하자. 면접장에서 새롭게 나오는 질문에 충실하게 답변하는 것이 먼저다. 묻지도 않은 질문에 대한 답을 억지로 끄집어내는 것은 좋지 않다. 그런 것들은 면접 마지막에, 하고 싶은 말 있으면 해보라며 시간을 조금 줄 때 하는 것이 좋다.

누구나 어려운 스피치1
: 완벽한 문장 버리기

스피치는 면접의 기본이자 전부다. 일단 스피치가 안되는 사람은 아무리 뛰어난 능력이 있다 하더라도 면접에서 좋은 점수를 받기 어렵다. 말이 잘 안되면 가진 능력을 보여줄 수 없기 때문이다.

하지만 스피치는 누구나 버거워하는 것 중 하나다. 동아리나 취미 모임 같은 곳에서 하는 자기소개도 긴장되기 일쑤인데 면접장에서의 스피치는 오죽할까.

스피치를 어려워하는 사람들이 가장 크게 범하는 실수 중 하나는 '완벽한 문장을 구사하려는 것'이다. 주술호응이 딱 맞아떨어지고 맞춤법의 오류가 전혀 없는 문장을 구사해야 좋은 스피치라 착각하기 때문이다. 이런 생각은 그야말로 착각이다. 빨리 이 착각을 거두어야 말하기 능력이 향상된다.

아나운서로 입사해서 방송에 투입되기 전 석 달 동안 교육

받던 시기가 있었다. 당시 인터뷰어로 이름을 날리고 있던 한 선배의 수업이 있었는데 그 선배는 이런 숙제를 내줬다.

'손석희 아나운서의 〈100분 토론〉을 보면서 그의 말을 받아 적어보기'

말 한마디 한마디를 있는 그대로 적어보라는 것이었다. 이 숙제를 받은 나와 동기들은 선배의 의도가 뻔히 보였다. 손석희라는 사람이 누구인가. 최근 몇십 년 동안 가장 영향력 있는 언론인으로 늘 최상위권에 오르는 선배다. 그의 말하기를 통해 배우라는 의도로 짐작할 수밖에 없었다.

하지만 과제를 수행하며 놀라운 결과를 받아들였다. 100% 완벽할 줄 알았던 선배의 말을 그대로 받아쓰기해보니 의외로 틀린 구석이 많았던 것이다. 주어와 술어가 맞지 않는 경우가 꽤 있었고, 말을 더듬거나 오독하는 경우도 간간이 보였다. 똑같은 말을 반복하는 경우, 쓸데없는 감탄사를 남발하는 경우, 심지어 좋지 않은 습관도 눈에 띄었다.

물론 100분이라는 긴 시간 동안 말해야 하는 프로그램의 특성도 있었지만 아무리 그래도 충격적이었다. 말하기의 대가로 손꼽히는 손석희 선배의 말이 완벽한 것이 아니었다니.

그렇다면 떠오르는 궁금증은 이거다.

'왜 사람들은 손석희 아나운서가 당연히 말을 잘한다고 생각할까?' 스피치에서 가장 중요한 것은 완벽한 문장의 구사가 아니기 때문이다.

스피치에서 가장 중요한 요소!

"완벽한 문장을 구사하려 하지 말자. 완벽한 문장보다 중요한 것은 '주제의 흐름을 해치지 않고 적절한 말을 하는 것' '적절한 톤과 정확한 발음으로 바르게 말하기' '가장 중요한 내용, 말하고자 하는 내용 중 핵심을 드러낼 줄 아는 능력'이다."

첫 번째, 주제의 흐름을 해치지 않고 적절한 말을 하는 것.

그 어떤 말도 생뚱맞은 타이밍에 말하면 찬물을 끼얹는 격밖에 되지 않는다. 면접관은 지원 동기를 묻는데 준비된 답변만 하느라 엉뚱한 대답을 하는 경우가 있다. 그러면 면접관은 자신의 질문이 무시됐다고 느끼거나, 말을 잘 못 알아듣는 지원자라고 오해할 수 있다.

이야기는 흐름이라는 것이 있다. 앞의 말이 뒤의 말과 연관이 있어야 한다. 아무리 내가 하고 싶은 말이 있다 하더라도 앞뒤 문맥과 분위기를 잘 파악하지 않으면 안 된다. 저소득층을 위한 봉사활동에 명품 옷을 입고 간다면? 아무리 예쁜 수영복이라도 회사에 입고 다닐 수 있을까? 마찬가지다. 아무리 좋은 말이라도 상황에 맞는 순간에 꺼내야 효과가 있다.

두 번째, 적절한 톤과 성량, 정확한 발음으로 바르게 말하기.

주변 사람들을 한번 떠올려보자. 말을 얼버무리거나 발음이 좋지 않아서 몇 번을 다시 말해야 무슨 말을 하는지 알아들을 수 있는 사람이 한 명쯤 있을 거다. 혹여 내가 그런 사람일 수도 있다. 이것은 꾸준한 연습이 필요한 부분이다. 아나운서 시험에만 중요한 것이 아니다. 톤과 발음을 고치는 방법은 딱 한 가지밖에 없다. 끊임없는 연습이다. 명심하고 끊임없이 가다듬자.

바르게 말하기 위해선 꼭 실천해야 하는 게 또 있다. 바로 '평상시의 말투 바꾸기'다.

면접만을 위해 언어습관을 고친다고 하면 언제 자신의 불명확한 언어습관이 튀어나올지 모른다. 특히 면접처럼 긴장된 순간에는 평소 언어습관이 불쑥 나오기 마련이다. 또 10분 넘게 말을 이어가다 보면 사람은 자신의 평소 언어습관이 나올 수밖에 없다. 이런 것들을 방지하기 위해선 평소 언어습관을 뜯어고쳐야 한다.

똑 떨어졌던 SBS 3차 면접장이었다. 당시 〈이런 사람! 정말 꼴불견이다〉라는 주제로 예능 프로그램 진행 시험을 치르고 있었다. 나는 충격적인 경험을 했다. 내 입에서 '나시'라는 말이 튀어나온 것이다. '민소매'라는 우리말이 있음에도 평상시 자주 쓰는 단어가 나도 모르게 툭 나와버렸다. 일본어 투의 잔재인 '나시'가 아나운서 시험장에서 아나운서 지원자의 입에서 나왔으니 그 결과는 안 봐도 뻔했다.

겉만 반지르르하게, 한순간만 모면하기 위한 언어습관은 오래가지 못한다. 내 근본을 가다듬는다 생각하고 가족과의 대화, 친구와 이야기할 때 등 평소 언어습관부터 바꿔보자.

마지막으로 가장 중요한 내용, 말하고자 하는 내용 중 핵심을 드러낼 줄 아는 능력이다.

예능인들이 제한된 시간에 재밌게 말할 수 있는 이유는 무엇일까? 이야기의 기승전결에서 '기승전'보다 '결'을 빠르게 빵빵 터트리기 때문이다. '기승전'이 너무 길거나 쓸데없는 이야기가 나오면 다 편집되기 일쑤다.

면접장에서도 마찬가지다. 예를 들어 지원동기를 묻는 말, 내가 어디서 태어나서 어떻게 자랐는지부터 시작한다면 비효율적일 수밖에 없다. 시간만 속절없이 흐르게 되고 정작 하고 싶은 말은 반의반도 못 하고 끝난다. 그래서 면접에서는 두괄식 말하기가 효과적이다. 처음에 내가 가장 하고 싶은 말의 핵심을 던져놓고 그 뒤에 해석을 붙이는 것이다. 중요한 내용을 먼저 강조하면, 할 말을 다 할 수 있게 된다.

내가 프로그램의 PD가 됐다고 생각해보자. 내 말을 잘 들여다보고 편집해보자. 포인트만 쏙쏙 뽑아 배치하면서. 거기에 위트를 더하면 금상첨화다.

내가 했던 말이 꼭 정답은 아니지만, 면접 때 받은 수많은 질문 중 가장 대답을 잘했다 기억하는 것은 'MBC 아나운서 지원동기'였다.

"저는 더 잘 놀고 싶어서 MBC 아나운서에 지원했습니다. 아나운서들이 하는 일을 지켜보니 영화나 책, 스포츠처럼 제가 평소 놀 때 하는 일들을 재미있고 정확하게 전달해주는 역할을 한다는 걸 알게 됐습니다. 〈출발 비디오 여행〉 MC로 영화를 통해 놀며 이야기를 전달하고, 〈책, 책, 책을 읽읍시다〉를 진행하면서 책으로 놀며 일하고 싶습니다."

누구나 어려운 스피치 2
: 효과적인 스피치 연습법

　우리의 원활한 스피치를 가로막는 하나는 '특별한 주제가 나와야 한다는 압박감'이다.

　면접장에서의 말하기는 반드시 남들과 달라야 하고 평범한 말은 매력이 없다고 느낀다. 하지만 이건 크게 잘못된 생각이다. '억지로 특별하게 꾸미는 말하기'보다 '뻔하고 당연한 말들을 진정성 있고 울림 있게 잘 말하는 것'이 가장 중요하다.

　무릎을 '탁' 치게 만드는 신선한 발상과 놀라운 반전이 있는 말하기도 좋지만 내가 스피치의 초고수가 아니라면 면접장에선 피하는 편이 좋다. 너무 새로운 시도만을 고집하다 보면 일반적인 말하기조차 어려워질 수 있기 때문이다. 물론 생각이 이미 떠올랐다면 굳이 밀어낼 필요는 없지만, 특별한 주제만 다루려다 이야기가 마무리 안되는 경우도 있으니 최대한 부드럽게 나아가는 편이 좋다.

스피치에서 작은 것에 집착하는 태도는 지양해야 한다.

말하기는 크게 봐야 한다. 여기서 작은 것은 특정 단어나 하나의 문장을 말한다. 단어의 선택이 잘못됐다고 느끼거나 문장 내에서의 주술호응, 문장의 배치 등이 어색하다고 느낄 때가 있다. 이럴 땐 이미 내뱉은 말을 수습하려 애쓰는 것보다 과감히 돌파하고, 다음 문장으로 빠르게 나아가는 것을 선택하는 편이 낫다.

글쓰기에서는 이런 것들을 하나하나 다듬을 시간이 있다. 그리고 그렇게 해야만 한다. 글은 정리해 어딘가에 올려두면 오래오래 남으며 긴 시간 동안 읽히기 때문이다. 하지만 우리의 말은 입을 떠나는 순간 허공으로 흩어진다.

내 눈앞의 면접관도 사람이다. 지원자의 말을 토씨 하나 안 틀리고 일일이 기억할 수 없다. 글자 하나하나를 받아적지도 않는다. 대략 '말하기의 전체적인 느낌', '주제가 무엇인가?', '전달력이 있는가?' 정도를 보게 된다. 이때 면접관은 철저한 분석이 아니라 눈앞에서 받는 큰 느낌의 덩어리들로 지원자의 스피치를 평가하게 된다. 심각한 표준어의 오류라든가 비속어 사용처럼 치명적인 단점이 아니라면 작은 것들은 눈에 잘 띄지 않는다. 얼개가 큰 말하기를 지향하자.

말하기를 시작조차 못 하는 사람들이 있다.

이런 경우는 원인 파악이 먼저다. 연습 부족인지 긴장 때문인지 내가 말을 못하는 원인을 빨리 파악해야 한다. 아예 준비가 안 돼 있는 경우도 있다. 여기서 준비란 경험이다. 16년 넘게 학교에 다녀도 남들 앞에서 말한 적이 드문 사람들이 많다. 없는 경험은 사서라도 해야 한다.

최근까지도 함께 방송한 가까운 후배 P 아나운서는 자신이 스피치 연습을 어떻게 했는지 내게 털어놓은 적이 있다. 그녀는 매번 긴장하는 것, 남들 앞에만 서면 화끈거리는 얼굴을 극복하기 위해서, 주눅 들지 않고 당당히 말하는 연습을 하기 위해 매일 지하철을 탄 승객들 앞에서 말하기 연습을 했다고 한다. 영화나 드라마 같은 데서 종종 볼 수 있는 장면인데, P 아나운서는 실제로 스피치 연습을 그렇게 했고, 효과는 탁월했다고 했다.

P 아나운서는 자신을 들여다보고 내가 무엇 때문에 스피치를 못하는지, 그 원인을 잘 파악했다. 그리고 그 요인을 제거하기 위해 가장 효과적인 방법을 사용했다.

말하기에 지레 겁먹는 사람들, 도저히 말이 안 떨어지는 사람들은 그 원인을 확실히 파악하고 대처해야 한다. 코어가 되는 여러 이유들을 외면한 채 변죽만 울리게 되면 스피치 실력이 나아질 리 없다. 내가 이유를 모르겠으면 주변 사람들과 끊임없이 상의하며 빠르게 원인 파악에 나서자. 실전은 그다음이다.

상황에 맞는 말하기는 나를 빛나게 해준다.

봉준호 감독의 영화 〈기생충〉 제작진이 미 전역을 돌며 각종 시상식을 휩쓸던 때, 작품 외의 인물이 화제가 됐다. 바로 〈기생충〉 제작진의 통역을 맡은 샤론 최였다. 그녀는 전문 통역사가 아니었기 때문에 통역 경험도 거의 없었다. 심지어 네이티브 스피커도 아니었다.

샤론 최의 가장 뛰어난 능력은 상황에 맞는 말하기였다. 더 세부적으로는 현장의 관객들에게 맞는 언어 구사 능력이 빛났다. 봉준호 감독이 말하는 우리말의 뉘앙스를 살리기 위해 현지의 관객들이 가장 이해하기 쉬운 언어로 바꾸었고, 그 결과는 탁월한 통역으로 이어졌다.

자신의 말하기에 심취해 듣는 사람을 고려하지 않거나, 내가 서 있는 위치, 처해 있는 분위기를 고려하지 않으면 빵점 스피치가 된다. 내가 처한 상황을 파악해 그 순간을 가장 잘 살릴 수 있어야 한다. 상황을 살리는 재치와 임기응변은 한순간에 뚝딱 나오는 것이 아니다. 역시 끊임없는 연습과 연구가 필요하다. 샤론 최의 통역 준비 과정을 다룬 TV 프로그램이 있었는데, 그녀가 가장 고민했던 부분 중 하나 역시 '어떻게 하면 상황에 맞는 통역을 할 수 있을까'였다.

효과적인 스피치 연습법!

"특별한 주제보다 뻔하고 당연한 말을 울림 있게 하자.

작은 것에 집착하기보다 큼직큼직하게 말하자.

스피치가 안되는 원인 파악이 그 무엇보다 먼저다.

상황에 맞는 말하기는 나를 빛나게 해준다."

스피치 연습 꿀팁

1. 랜덤 3분 스피치 연습

가장 많이 했던 방법 중 하나다. 가족, 친구 등 누구와 함께해도 좋다. 상자 안에 '사과', '냉장고', '얼음', '아이스크림', '여름' 등 일상에서 자주 쓰이는 단어들을 넣어두고 상자 안에서 단어를 임의로 뽑는다. 10초 정도 준비 시간을 가진 후 단어와 관련된 이야기를 3분 동안 말해보자. '뽑은 단어로 시작되는 말하기', '뽑은 단어를 주제로 말하기', '세 개를 뽑아 세 가지 단어가 모두 들어가게 말하기' 등의 과제를 수행해보자. 매일 두세 번으로 충분하다. 그렇게 한 달, 두 달 쌓아가면 머릿속에는 수많은 말하기 주제가 쌓이고 어떤 주제가 주어져도 두려워하지 않는 능력이 생기게 된다.

2. 나는 원래 말을 잘하는 사람이다

동생이나 엄마처럼 친하고 편한 사람과 말할 때 나는 어떻게 말하는지 돌이켜보자. 아마도 나는 내가 생각하는 것을 술술 잘 늘어놓는 편일 것이다. 긴장도 하지 않는다. 오히려 자신 있게 막 던질 줄도 안다. 그런데 면접장에만 가면 다리가 후덜덜 떨리고 가슴이 콩닥콩닥 뛴다. 과도한 긴장으로 입에서 말이 잘 떨어지지 않는다. 거기선 말하기가 왜 그리 어려울까. 내가 말을 못해서가 아니다. 장소와 사람이 낯설기 때문이다. 생전 처음 보는 장소, 처음 보는 사람 때문이지 내가 원래 말을 못하는 사람이 아니라는 것을 끊임없이 끄집어내자. 그것이 바로 좋은 말하기의 시작점이다.

인적성검사
준비하기

　주요 기업 전형 과정에서 빠지지 않는 것이 인적성검사다. 삼성 그룹의 GSAT처럼 독자적인 시스템을 개발해 해를 이어가며 운용하는 경우도 있고, 기업마다 각자 자신들에게 맞는 인적성검사를 채택해 채용 전형에 포함한다.

　지원자들은 인적성검사를 대할 때마다 곤혹스럽다. 어떻게 준비해야 할지 도통 감을 잡을 수 없기 때문이다. 인적성검사는 과목 정도는 알려져 있지만, 출제 범위가 정해져 있지 않다. 샘플 문제 몇 개를 제공하는 기업들도 있고 아닌 기업도 있다. 물론 족보처럼 예전의 기출문제를 모아 출간된 책들을 보면 어느 정도 유형을 알 수 있지만 그렇다고 불안감이 해소되지 않는다. 내가 준비하는 방법이 맞는지 의구심이 계속 든다.

인적성검사는 지원자의 학창 시절과 성장 과정을 통틀어 형성된 언어능력, 논리력, 추리력 등을 테스트한다. 취업준비 한다고 시험 며칠 전 언어나 수리 문제 몇 개 풀어본다고 해결되지는 않는 성질의 것이다. 하지만 그렇다고 뒷짐 지고 앉아 있을 수만은 없기에 더 답답하다.

대한민국 국민을 연령대별로 모아놓고 아무런 준비 없이 지금 당장 인적성검사를 치른다 가정해보자. 가장 높은 점수를 받는 연령대는 아마도 고3 수험생일 것이다. 인적성검사는 수능과 많은 부분 닮았고, 비슷한 문제를 가장 많이 풀고 있는 연령층이 바로 고3이기 때문이다.

그래서 인적성검사의 언어 파트를 준비하는 가장 기본적인 방법은 수능 문제지의 언어영역 모의고사 문제를 가능한 한 많이 풀어보는 것이다. 이것은 당연히 만점을 받기 위한 행위가 아니다. 최대한 많이 풀어서 감을 익히는 것이다. 내가 학창 시절 쌓아놓은 언어능력의 최대치가 100이라면 근사치로 끌어올리기 위한 준비다. 지금껏 내가 쌓아온 능력이 80인데 그 이상을 기대할 수 없다. 문제지를 풀며 내 최대치에 근접하도록 나를 도와주는 것이다.

수리, 추리 능력도 마찬가지다. 시중의 인적성 관련 문제풀

이집을 닥치는 대로 많이 풀어보는 것이 중요하다. 이것 역시 내가 가능한 최대 점수에 닿도록 내 머릿속을 최적화하는 작업이다.

인적성검사는 선택과 집중이다!
'될 놈'과 '안 될 놈'을 잘 구분하자.
내가 포기해야 할 것이 있고, 치밀하게 준비해서
조금이라도 점수를 따내야 할 것이 있다.

취업준비생 시절 GSAT(당시는 SSAT)를 두 차례 응시한 적이 있었는데 한번은 떨어졌고 한번은 붙었다. 합격과 불합격의 차이는 아주 명확했다. 준비하지 않고 응시했던 첫 번째는 소위 '광탈', 치밀하게 준비했던 두 번째는 합격이었다.

치밀하게 준비했을 때 최우선순위로 설정한 기준은 '될 놈'과 '어차피 안 될 놈'을 구분하는 일이었다. '될 것'은 과거의 기억을 떠올리면 점수를 조금이라도 더 받을 수 있는 것, '어차피 안 될 것'은 고교 수준 이상의 어려운 수리 문제처럼 한두 문제를 위해 꽤 많은 시간을 투자해야 하는 것, 하루아침에 뚝 떨어지는 것이 아닌 비 암기식 문제 등으로 공부를 새로이 해도 효율성이 떨어지는 것 등이다.

지금 나의 상황을 고려해서 '될 놈'과 '어차피 안 될 놈'을 잘 구분해서 준비하자. 목표는 하나다. 인적성검사는 수능처럼 한 문제라도 더 맞히기 위해, 일 점이라도 더 얻기 위해 날 밤을 새워야 하는 것이 아니다. 커트라인을 넘기는 것이 목표다. 커트라인만 넘으면 다음 전형은 제로 베이스로 가기 때문에 선택과 집중, 과감한 포기가 필요하다.

chapter 2

바뀐 채용 시장에 적응하기

채용 시장의 대세가 된
세 가지 흐름

코로나19 팬데믹에도 불구하고 열풍이 분 분야가 있었다. 바로 주식투자였다. 특히 월급 생활자들은 열광했다. 월급만으로 서울에 집을 장만하는 건 꿈도 꾸지 못하는 상황에서 자산을 불릴 절호의 기회가 찾아왔으니 말이다. 팬데믹 직후의 상승장에서 많은 사람이 돈을 벌었다. 전문 지식이 없어도 투자만 하면 이익이 났다. 주식 초보자들도 쉽게 돈을 벌 수 있었던 가장 큰 까닭은 단 하나였다. 시장 전체의 분위기가 좋았기 때문이다. 반대로 뒤늦게 뛰어든 사람들은 그다지 재미를 보지 못했다. 그 이유도 명쾌하다. 상승장의 분위기가 꺾여 시장 자체가 좋지 않았기 때문이다.

채용 시장도 마찬가지다. 80년대 후반부터 90년대 초반에 대학 생활을 한 세대들은 취업에 대한 걱정이 지금만큼 크지 않았다. IMF가 오기 전까지 우리나라는 매년 성장에 성장을 거듭했다. 기업들은 과감하다 못해 과도한 투자를 했고 일할 사람이 필요했다. 대학생들은 졸업만 하면 스펙에 상관없이 기업들이 모셔가기 바빴다. 졸업을 앞둔 학생들은 기업을 골라서 가는 행복한 순간을 만끽했다. 하지만 1997년 IMF 사태가 찾아온 이후부터 채용 시장의 호황기는 다시 찾아오지 않았다. 모두가 가시밭길인 시대로 접어들었다.

군이 채용 시장을 주식 시장과 비교한 이유는 하나의 큰 공통점이 있기 때문이다. 시장의 영향력이 지대하다는 것이다. 조금 부족하고 모자라도 시장 분위기가 좋으면 비교적 쉽게 목적을 이룰 수 있지만, 시장 상황 자체가 좋지 않으면 아무리 실력이 뛰어나도 쉽지 않다. 더구나 이것은 개인의 힘으로 어떻게 바꿀 도리가 없는 일이다. 특히 입사 지원자는 늘 약자 입장이기 때문에 더 크게 와닿을 수밖에 없다.

일개 취업준비생이 채용 시장의 판도를 바꿀 수 없음은 명백한 사실이다. 채용 계획이 취소된 기업에 사람 좀 뽑아달라고 목소리를 높인다 해서 없던 채용 계획이 생길 리 없다. 작년엔 100명을 뽑았는데 왜 올해는 10명밖에 뽑지 않느냐 항

의할 수도 없다. 사양 직종으로 분류돼 더는 인력이 필요하지 않은 직종을 뽑아달라 요구할 수도 없다.

전체적으로 채용 시장이 좋지 않은 상황에서 지원자는 어떻게 해야 할까?

채용 시장의 변화를 읽어야 한다!

"채용 시장의 변화를 읽지 못하면 필패할 수밖에 없다. 현실을
부정하며 시간만 보내지 말고 바뀐 세 가지 흐름을
인식하고 받아들이자. 바야흐로 '수경변'의 시대.
발 빠른 전환과 유연한 대처가 필요하다."

기업들이 너나 할 거 없이 대규모 신입 공채를 폐지했다. 오매불망 기다려온 지원자 입장에서는 하늘이 무너지는 기분이다. 할 수 있는 일이 많지 않다. 수시 채용 공고를 기다리는 것뿐인데 도무지 찾아볼 수가 없다. 가물에 콩 나듯 공고가 올라온다.

기다리고 기다려 채용 공고가 뜬 것을 보고 설레는 마음으로 한달음에 공고를 클릭해 읽는다. 하지만 이내 좌절하고 만다. 신입 채용이 아니라 경력 채용이다. 긴 시간을 기다렸다고

해서 기회가 주어지는 것은 아니다. 지원할 수 있는 자격조차
되지 않으니 말이다.

모처럼 신입 채용 공지가 올라왔는데 당황스럽다. 눈 씻고
찾아봐도 내가 원한 직종이 없다. 그토록 기다려온 신입 채용
인데 원하던 직무가 없으니 고민만 쌓여간다.

위의 세 가지 사례는 현 채용 시장의 흐름을 그대로 보여준
다. 우리는 '수경변'의 시대, 즉 수시 채용, 경력자 우대, 직종
의 변화무쌍 속에 살고 있다. 이전과는 다른 세 가지 큰 파도
를 넘어야 한다. 이제 취업 전략도 달라져야 한다.

수시 채용의 시대

수시 채용의 시대에는 기본적인 마음가짐부터 달라져야 한다.

먼저 멘탈 무장이 필요하다. 대규모 공채에 대한 희망을 완전히 버리자. '더 이상의 공채는 없다'라는 생각으로 무장해야 한다. 괜한 기대감을 사전에 차단해서 흔들리는 것을 방지하자. 없다고 생각하다 생기면 좋은 것이고, 진짜로 없어도 그럴 것이라 예상했으니 멘탈을 부여잡는 데 도움이 된다.

수시 채용은 접근법이 완전히 다르다.

대규모 공채가 10만 명의 지원자 중 5,000명을 채용한다고 하면, 수시 채용은 100명 중 5명을 뽑는 식이다. 경쟁률은 같은 20 대 1인데 어느 쪽이 어려울까? 답은 뻔하다. 10만 명 중 5,000등 안에 드는 것보다 100명 중 5등 하는 일이 훨씬 더 어렵다. 물론 이는 단순히 비율을 적용한 것이다. 수시 채용은 대규모 공채보다 당연히 경쟁률이 올라간다.

10만 명 중 5,000등 안에 들기 위해서는 안전하게 가는 것이 좋다. 내가 뛰어남을 보여주는 쪽보다 내가 남들보다 뒤떨어지지 않음을 증명하는 쪽이 안전하다. 나를 자꾸 드러내다 보면 욕심을 부리게 되고, 하지 않아도 되는 실수를 하기도 한다. 그러다 고꾸라질 위험도 있다. 점수를 따기 위해 도전하는 방법보다는 점수를 깎아 먹지 않게, 무리하지 않는 방법으로 가는 편이 좋다.

하지만 100명 중 5등 안에 들기 위해서는 내가 뛰어남을 드러내고 인정받아야 한다. 결국 나를 계속 드러내야 한다. 성격과 맞지 않아도 필요할 때는 앞장도 서야 하고, 종종 나서서 설치기도 해야 한다. 그래야 돋보이기 때문이다. 결국, 나만의 무기를 여러 가지 만들어야 한다는 이야기가 된다.

수시 채용은 진검승부다.

위에서 예로 든 공채 10만 명이라는 숫자에는 상당한 허수가 끼어 있다. 딱히 진지하게 준비하지 않았어도 혹시나 해서 지원한 사람들이 허다하다. 대규모 채용이기에 될 수 있지 않을까 하는 괜한 기대감으로 너나 할 거 없이 일단 지원하고 보는 거다.

하지만 수시 채용은 거의 모두가 알짜배기들이다. 자격 조건도 까다롭고 직무도 한정된 경우가 많기 때문에 오랫동안 갈고 닦은 실력자들이 등판한다. 대규모 공채와 같은 경쟁률이라 해도 수시 채용이 더 어려운 이유다.

수시 채용의 시대를 살아가는 현명한 방법!
"결국 수시 채용은 맞춤형 전술이 필요하다. 두루뭉술하게
임해서는 승산이 없다. 철저하게 커리어를 쌓아가자."

맞춤형 전술에서 가장 중요한 것은 채용 가능성 높은 곳 분석하기, 맞춤형 스펙 쌓기, 필요하면 우회하기 등 세 가지다.

먼저 시대의 흐름과 채용 동향을 함께 놓고 분석해야 한다. 내가 목표로 하는 곳이 채용 가능성이 있는 곳인가 아닌가를 예상하는 것이다. 가령 점점 줄어들고 있는 은행 창구 직원의 대규모 채용을 기다리거나 지난해 사업을 접은 LG전자 휴대전화 부문의 채용을 기다리는 일 따위를 해서는 안 된다. 그만큼 채용 가능성이 현저히 낮기 때문이다.

다음은 요구하는 스펙을 쌓는 것이다.

스펙에는 아주 많은 요소가 있다. 출신 학교, 학점, 공인영어 점수, 경력 등 다양하다. 이전 시대에는 학점이나 출신 학교가 가장 중요했지만 이제 으뜸은 직무 관련 경력이다. 또한, 취업 전선에 뛰어든 시점이면 학교와 학점은 어느 정도 결정된 시점이다. 공인영어 점수는 매달 시험을 치르며 조금이라도 더 올리려 애쓰고 있을 것이다. 대부분이 상수로 굳어져 있지만, 경력은 그렇지 않다. 가장 큰 변수로 작용할 수 있다. 가장 크게 커리어를 업그레이드할 수 있는 것 역시 직무 관련 경력이다.

우회전술도 필요하다. 징검다리가 될 수 있는 곳에 먼저 취업하는 것도 좋다. 최종 목적지로 가는 길에 자신을 연마할 수 있는 곳에 들르는 것이다. 내 최종 목적지와 직무 연관성이 깊으면 깊을수록 당연히 좋다.

수시 채용 시장
예측하고 대응하기

수시 채용은 회사의 속내가 뻔히 드러나는 채용이다. 모집 분야가 구체적으로 제시되기에 회사에서 현재 꼭 필요한 인력을 뽑는다는 말을 우회적으로 하고 있는 것이다. 또한, 해당 분야가 회사의 핵심 사업 중 하나일 확률이 높다. 공채가 있다 하더라도 공채를 기다릴 만큼의 시간적 여유가 없다는 이야기이기도 하다. 즉, 회사가 수시 채용을 내는 건 그만큼 급하고, 그만큼 중요하다는 것이다.

수시 채용을 기다리는 지원자는 마냥 기다리기만 해서는 안 된다. 지금 당장 써먹을 사람을 뽑을 만큼 중요한 일이 뭐가 있을까 라는 의문을 늘 머릿속에 지니고 있어야 한다. 회사의 중차대한 일을 파악하고 미리 준비해 둬야 한다. 즉, 사람을 뽑을 확률이 높은 회사와 직종에 대한 예측이 필요하다. 어느 분야의 채용 수요가 많을지 치밀하게 연구해보는 것이다.

가장 먼저 채용 수요가 높을 것으로 예상되는 직종은 최근 트렌드가 반영되거나 회사의 미래 먹거리와 관련된 자리다.
사실 이런 것들은 우리가 제대로 신경 쓰며 살지 않아서 그렇지 내 주변을 둘러보면 다 알 수 있다. 실생활에서 피부로 느껴지는 변화들을 감지해보면 파악할 수 있는 것들이다. 환경, 메타버스, AI나 로봇 산업 등이 가장 대표적이다. 자동차 관련해서는 자율주행 및 전기차, 수소차 관련, 반도체 중에는 게임 관련, 광고 쪽은 지상파 광고가 아닌 소비자 맞춤형 광고 등이 있다. 또한 코로나19로 인해 수혜를 본 직종들도 포함된다. 의료나 생명 과학 분야는 물론이고, 원격 수업, 원격 근무 등에 필요한 클라우드 산업도 눈에 띈다. 점점 마니아화, 세분화되는 세대에 발맞춰 비건, 반려동물 등과 더불어 사회복지, 심리상담, 직업상담 같은 직종도 관심이 늘어나고 있다.

사람이 부족한 곳도 살펴보자.
한때 약학대학이 4년제에서 6년제로 바뀌던 시기가 있었다. 2년간 졸업생이 배출되지 않으니 약사 품귀현상이 빚어졌고 약사들의 몸값이 수직상승했다. 부르는 게 값이었다. 물론 약학은 전문적인 공부가 필요하기에 일반 기업 채용과는 관련이 없지만, 이렇게 인력 품귀현상이 있는 일을 기가 막히게 찾아낸다면 비교적 수월할 수 있다.

반도체 업종은 늘 인력이 필요하다. 삼성전자나 하이닉스 같은 곳의 매출은 해마다 새로운 기록을 써 내려가고 있다. 휴대전화도 마찬가지다.

최근엔 특히 프로그래머가 부족하다. 게임이나 각종 가상현실 관련 프로그래머를 고액 연봉을 주고 모셔가는 상황이 자주 벌어진다. 고령화 사회, 아동 관련, 멘탈 관련 관심이 높아지며 사회복지사나 심리치료사의 주가도 올라가고 있다.

세상이 아무리 변해도 꼭 필요한 분야, 가까운 미래에 대체되기 어려운 업종도 있다.

인사, 기획, 재무, 회계처럼 기업의 기본이 되는 분야다. 물론 이런 직종들이 훗날 AI나 로봇에 의해 대체될 것이라는 예측도 많이 있다. 하지만 '사람 관리를 로봇에 맡긴다?' '주요 기획을 인공지능에 의존한다?'라는 생각을 해보면 답이 나온다. 인간은 로봇이나 인공지능을 활용하려 들지 그 밑에 존재하고 싶지 않기 때문이다. 실제로도 이런 분야들은 인공지능으로 대체될 비교적 후순위 직종으로 분류되고 있다.

수시 채용 시장 이렇게 대응하기!
"현 트렌드를 파악하자. 인력이 부족한 곳을 예측하자.
시대가 변해도 사람이 필요한 곳을 연구하자."

위의 세 가지를 예측하는 선에서 끝나면 안 된다. 가장 중요한 일이 남아 있다. 바로 '나'와의 관계를 파악하는 것이다. 관계가 없다면 관련성을 만들어내야 한다. 관련 스펙이나 관련 경험을 쌓아야 한다. 아무리 유망한 직종이어도, 사람을 많이 뽑는다고 해도 나와 관련이 없다면 트렌드를 파악하는 일도, 인력이 모자라는 곳을 분석하는 일도 모두 쓸모없는 일일 뿐이다.

치열한 고민과 조사, 연구를 통해서 수시 채용 시장에 대해 예측했다면 내가 가지고 있는 것을 꼼꼼하게 따져 준비해보자. 준비하면 준비할수록 취업 성공은 가까워진다. 치밀한 준비 없이는 쉽지 않은 것이 지금의 채용 시장이다. 수시 채용 시장 대비 포트폴리오를 지금부터 만들어 나가보자.

수시 채용 대비
취업 포트폴리오 만들기

수시 채용 시장에 대한 예측을 꾸준히 하면서 동시에 해야 할 일은 나만의 무기를 만드는 것이다. 무기라는 게 특별한 것이 아니다. 잘 짜인 취업 포트폴리오가 최고의 무기다. 포트폴리오를 만드는 방법 자체는 어렵지 않다. 예측되는 분야와 나와의 연관성을 파악한 후 내가 가지고 있는 것을 배치한다. 그리고 부족하다 느끼는 것은 채우면 된다.

가장 어려운 것은 만들고 싶어도 만들 재료가 없는 것이다. 아무리 채우고 싶어도 없으면 채울 수가 없다. 재료가 없는 사람들은 뒤쪽에서 다룬 '그래서 경력을 어디서 쌓으란 말이냐고요', '취업준비를 준비해야 하는 시대'를 참고해 다양한 경험과 사전준비 작업을 거쳐야 한다.

취업 포트폴리오 작성 시 유의점은 이렇다.

핵심만 배치하는 것이 가장 우선이다.

눈에 들어오지 않는 자격증이나 누구나 다 할 수 있는 일 따위는 굳이 끼워 넣을 필요가 없다. 채용담당자 시절 지원자의 이력서를 검토할 때를 떠올려보면, 네댓 줄 이상 길게 늘어놓은 지원자의 이력은 오히려 방해됐다. 쓸데없는 운전면허증이나 흔한 컴퓨터 관련 자격증을 기록한 지원자의 이력서는 채용담당자의 시선을 분산시키고, 쉽게 보기 어렵게 한다. 담당자도 사람이다. 이력서를 수백 통도 넘게 보는데, 필요 없는 것 사이에 끼어있는 핵심 커리어를 골라내야 하는 수고가 만만치 않다. 또한, 가장 중요한 커리어가 필요 없는 것들 사이에 가려져 인사담당자가 놓칠 수도 있다.

불필요한 부분은 과감히 삭제하자. 긴 여행을 위해 가방을 싸듯이, 가득 찬 짐 중에서 굳이 필요 없는 것들은 빼고 또 빼면서 슬림하지만 꼭 필요한 것들로 채워진 포트폴리오를 구성하자.

채워야 할 부분, 채워져 있지만 보완해야 할 부분을 파악해 빠르게 대처하자.

여기서 가장 중요한 것은 객관적인 시각에서 나를 바라보는 것이다. 내게 필요한 것은 무엇인가? 내 포트폴리오에 빠진 것은 무엇일까? 사실 이 부분은 아무리 취업준비를 해도 세부적으로 파보지 않으면 자신도 모르는 경우가 많다. 내가 나를 보면 객관적으로 돌아보기 쉽지 않고, 잘 보이지 않는다. 하지만 남들에게 있다고 해서 내게 꼭 필요한 건 아니다. 취업 포트폴리오에는 내게 필요한 맞춤형 커리어를 찾아 넣어야 한다.

범죄 영화를 보면 꼭 나오는 장면이 있다. 범인을 추적하는 형사들이 큰 화이트보드에 용의자의 사진도 붙이고 여러 장소, 사건을 나열해놓고 추리를 시작한다. 특히 늘 물음표가 적힌 곳들이 보이는데 결정적 단서나 증언 따위가 빠져 있는 부분이다.

취업 포트폴리오도 그렇게 해보자. 내가 가진 무기들, 모집 분야 관련 실무 경력, 자격증, 공인어학 점수, 다양한 경험 따위를 늘어놓아 보자. 내게 꼭 필요한데 빠져있는 결정적 부분들이 눈에 띌 것이다. 혹시라도 내게 필요한 부분이 잘 보이지 않는다면 전문가와 상담하는 것도 좋다. 수단과 방법을 가리지 말고 내게 꼭 필요한 무언가를 알아내자. 그리고 채우자.

가성비 떨어지는 것은 일찌감치 포기하는 것도 방법이다.

취업준비생이 되어가는 시기에 편입해 출신대학을 바꾸고자 한다면 얼마나 시간이 소요될까? 4학년 마지막 학기에만 반짝 노력한다 해서 평균 학점을 얼마나 끌어올릴 수 있을까? 공인어학 점수대별로 빡빡하게 점수가 측정되는 전형이 아니라면 1점, 2점을 올리려 어학점수에 목을 매는 것이 필요할까? 해외 공인회계사 자격증이 목표가 아닌 사람이 회계나 재무 채용에 도움이 된다 해서 긴 시간을 투자해야 할까?

대학 저학년이거나 취업 시장에 뛰어들기까지 여유가 있는 사람이라면 모르겠지만, 이미 취업준비 시장에 뛰어든 사람은 시간만 낭비하는 꼴이 되는 것들이 있다. 기회비용이 중요하기 때문이다. 긴 시간의 투자를 대신해 비교적 짧은 시간으로 채울 수 있는 커리어와 비교해가며 선택하고, 집중하자.

포트폴리오 작성은 이렇게!

"핵심만 배치한다. 객관적인 시각으로 채울 부분, 버릴 부분,

채워져 있지만 보완해야 할 부분을 분류해 채운다.

가성비 떨어지는 커리어는 과감히 포기하는 것도 좋은 방법이다."

경력 우대의
시대

기업들이 기다려주던 시대는 끝났다. 예전 시대엔 대규모 신입 채용을 하고 OJT를 수개월 진행한 뒤 실전에 투입했다. 신입사원들에겐 OJT가 끝나도 바로 업무가 부여되지 않았다. 배치된 부서의 특성과 업무 절차를 익히려면 시간이 더 필요했기 때문이다. 정식 사원이긴 하지만 정작 아는 게 많지 않기 때문에 하나부터 열까지 알려줬다. 그렇게 아직 다듬어지지 않은 원석 같은 신입사원을 능숙하게 업무를 처리하는 베테랑으로 길러내는 데에는 상당한 시간이 필요했다.

하지만 기업들은 이제 그 시간을 아까워한다. 신입사원을 뽑아 제 몫을 하게 되기까지의 기간을 기다리기 싫어한다. 그마저도 쓸데없는 비용이라 생각한다. 아무것도 모르는 사원을 뽑아 교육하고 적응시키는 시간이 비효율적이라는 계산이

확실하게 선 것이다. 업무에 즉시 투입하고 싶어 한다.

당연히 과거의 경험, 학습효과에 기인한 방식이다. 경력자들을 뽑아 써보니 체감이 달랐다. 필요한 곳에 관련 경력이 있는 사람을 써보니 업무의 적응도나 속도가 신입과 비교가 되지 않았다. 채용 후 몇 개월의 시간이 더 필요한 신입사원보다 바로 쓸 수 있는 사람을 고용하는 것이 훨씬 더 수월하고 효율적이었다.

채용공고에는 엄연히 신입사원 채용이라고 떠 있지만 늘 '경력 우대'라는 단어가 따라다니는 이유다. 채용 프로세스를 따라가며 생각해봐도 경력자는 늘 우대일 수밖에 없다. 서류심사를 하는 채용담당자 시선에서 관련 경력이 있는 사람은 당연히 체크해둘 수밖에 없다. 유리한 자리를 선점하는 것이다. 면접관의 시선도 마찬가지다. 경력 있는 지원자들에게는 질문하기가 편하다. 궁금한 점도 많고, 이야기를 나누다 보면 무언가 통하는 느낌이 들기도 한다.

회사의 채용 프로세스는 크게 '채용-교육-배치'의 세 단계로 진행된다. 통상 세 단계 후 업무에 투입되지만, 부서에 따라 추가교육이 있을 수 있다. 결국 회사는 사람을 뽑고, 가르치고, 알맞은 곳에 배치해 업무에 투입한다. 혹은 사람을 뽑고, 가르치고, 배치한 뒤 다시 추가교육을 하고 나서야 비로소 투입하기도 한다. 하지만 이것은 경력이 없는 소위 '찐' 신입사원의 경우다. 그리고 이전 시대의 방식이다. 경력자를 뽑으면 모든 게 일사천리다. 채용 후 며칠간의 회사 적응만 마치면 바로 업무 투입이다.

회사 입장에서는 모두가 편하다. 인사팀, 인재개발(교육)팀, 인력이 투입될 실무 부서 모두가 행복하다. 시간도 단축되고 모든 것이 효율적이다.

기업들이 그냥 바뀐 건 아니다. 시대적인 배경도 있다. 인류 역사에 이렇게 많이, 이렇게 빠르게 시대가 변하는 시기가 있었나 하는 생각이 들 정도로 세상 모든 것이 빠르게 변화하고 있다. 경쟁은 더 치열해지고 양극화는 심해지고 있다. 조금 늦거나 한번 뒤로 밀리면 기업은 그대로 생을 마감하게 된다. 선점효과를 누리지 못하고 뒤늦게 사업에 뛰어들어 망하는 회사들이 부지기수고, 변하는 세상에 적응하지 못해 과거의 것들만 답습하다 주저앉는 기업들도 많다.

이런 관점에서 생각해보면 기업들이 신입보다 경력 채용을 선호하는 현상은 어쩌면 당연한 일일지 모른다.

경력 우대의 시대에 적응하기!

"회사가 누군가를 키워주던 시대는 끝났다. 커리어 관리가
무엇보다 중요하다. 작은 경력부터 쌓아가자.
경력은 단순히 경험에 그쳐선 안 된다."

하향지원이 화제가 된 시기가 있었다. 고졸 채용에 대졸자
들이 몰리는가 하면, 공무원 시험에는 9급 자리에 7급 지원자
들도 지원했다. 지원자들은 아주 죽을 맛이었을 거다. 비슷한
사람끼리 경쟁하는 것도 벅차고 힘든데 한 단계 위의 스펙 보
유자들과도 싸워야 했으니 말이다.

채용이 어려워지며 예전에 없던 일이 일어났기에 새로운
현상이라 생각했다. 일시적이라고 보는 시각도 있었다. 하지
만 시간이 조금 더 흐른 지금 하향지원은 화제조차 되지 않는
다. 채용 시장의 당연한 경쟁이라고 받아들여졌기 때문이다.

경력 우대도 이런 흐름을 따라가고 있다. 이제 당연한 시
대의 흐름으로 받아들여야 한다. 평생직장이 사라지고, 하향
지원이 지극히 자연스러운 일이 됐다. 수시 채용에 이어 경력
우대 역시 마찬가지다. 애써 외면하는 동안 시대는 더 빠르게
바뀐다. 지원자의 빠른 적응이 필요하다.

경력 우대의 시대를 살아가기 위해선 커리어 관리가 무엇보다 중요하다. 처음부터 경력이 있는 사람은 없다. 작은 경력부터 차곡차곡 모아가면 된다. 하지만 중요한 점은 경력이 그저 경험에 그쳐선 안 된다는 것이다. 경험에서 무엇이라도 얻어가야 한다. 경험이 제법 쓸 만한 경력이 되고, 제법 쓸 만한 경력이 실력이 돼야 한다. 그렇게 한 걸음씩 나아가야 한다.

그래서 경력을
어디서 쌓으란 말이냐고요

코로나 시국과 맞물려 채용 시장에도 한파가 몰아쳤다. 사람을 뽑는 회사 자체가 적어졌고, 채용 일정이 있던 기업들도 계획을 접는 방향으로 선회했다. 그나마 채용을 활발히 이어가던 기업들은 신입사원보다 경력사원을 뽑으려는 성향이 짙어졌다. 돈과 시간을 들여 사람을 키워내는 것보다 뽑아서 바로 투입하는 쪽을 선호한다. 내가 몸담고 있는 MBC 역시 최근 몇 년간의 채용 대부분이 경력사원 전형이었다.

여기서 수많은 취업준비생의 공통된 마음은 이거일 거다.
'아니, 신입을 뽑는 곳이 있어야 일단 들어가서 경력을 쌓든 말든 할 거 아니냐고!'
그래서 취업 포트폴리오가 중요하다. 필요 없는 이력에 시간 낭비하기보다는 내가 꿈꾸는 곳에서 필요로 하는 것들을 차곡차곡 쌓아가는 것이 중요하다. 알바를 하더라도 신중히 골라야 한다는 얘기다. 방송국을 꿈꾸는 사람은 방송에 관련된 경험을 쌓을 수 있는 곳으로, 은행에 입사하고 싶으면 금융업과 조금이라도 관련된 일을 경험해야 한다.

물론 꿈과 동떨어진 일을 할 수도 있다. 경제적인 어려움 때문에 어쩔 수 없이 돈이 목적인 아르바이트를 하는 경우도 많으니까. 그래도 괜찮다. 무슨 경험이든 꾸역꾸역 내 꿈과 연관 지어볼 방법을 찾아보자.

다음은 인생 첫 취업 전 쌓은 사소한 경력, 어떻게 보면 관련 없어 보이는 경력이다. 그것을 면접에 어떻게 활용했는지 보자.

1. 인라인스케이트 제조 아르바이트

과천 쪽에 있는 자그마한 공장에서 아르바이트를 했다. 당시 큰 인기를 끌었던 인라인스케이트를 조립하는 일이었다. 컨베이어벨트 방식이 아닌 셀 생산방식의 제조 공정이었는데, 이후 엔지니어를 꿈꾸던 면접에서 생산 공장 라인의 다양한 경험으로 확장해 답변했다. 아주 자그마한 일이었지만 생산 라인에서 조금이라도 일해본 사람과 아닌 사람의 차이는 컸다. 또한, 흔한 컨베이어벨트만 아는 것이 아니라 셀 방식까지 경험했다는 점이 좋은 반응을 끌어냈고 결국 해당 면접에서 합격했다.

2. 백화점 판매사원

설 명절을 앞둔 대목 때 빈자리를 때우는 아르바이트를 한 적이 있다. 백화점 대형 이벤트 매장에서 의류도 팔고 신발도 팔고 양말도 팔았는데, 정규 사원의 일손이 부족할 때마다 투입되며 다양한 일을 경험했다.

친절함으로 무장하는 방법도 알 수 있었고, 고객이 가장 많이 요구하는 것들을 피부로 느낄 수 있었다. 훗날 유통업체 그룹 면접 때는 고객을 어떻게 대하는지 방법을 피부로 익혔다는 말을 할 수 있었다. 고객들의 불만 사례를 모아 해결법을 제시하기도 했고, 역시 해당 면접에서 합격했다.

3. 고교 입시학원 문제풀이 선생님

2년 가까이 했던 내 인생 최장기간 아르바이트였다. 고교 입시학원에서 모르는 문제를 물어보는 학생들을 대상으로 1 대 1 지도를 했다. 이후 어찌어찌하다 보니 고충 상담까지 하게 됐는데, 나이 차가 많이 나지 않는 오빠, 형으로서 학생의 마음을 제법 잘 헤아린 덕에 그들의 마음마저 얻게 됐다.

어찌 보면 보잘것없는 이 아르바이트를 '고객의 마음을 얻을 수 있는 사람'이라는 표현으로 바꾸어냈고 감성경영에 어필했다. 결국 서비스직 면접 때 좋은 결과를 끌어낼 수 있었다.

이후, 다니던 회사를 그만두고 아나운서라는 꿈을 향해 달려가던 시절 내가 쌓은 관련 경력은 다음과 같다. 그 경력을 어떻게 확장할 수 있었는지도 함께 참고해보자.

1. MBC 〈100분 토론〉 시민논객 활동

방송국을 꿈꾸는 사람에게는 최고의 경험이었다. 2007년 당시 손석희 아나운서가 진행하던 〈100분 토론〉은 3개월에 한 번씩 시민논객을 모집했다. 시민논객은 매주 생방송 3~4시간 전 모여 주제에 관해 토론하고 패널에게 던질 질문을 선정했다. 그리고 생방송 중에 마이크를 잡고 직접 질문까지 하는 소중한 경험을 쌓았다. 내가 꿈꾸던 아나운서라는 길에 꼭 필요한 시사에 대한 지식, 논리 쌓기에 더해 질문 던지는 방법까지 배웠다.

2. 인터넷 방송 메이저리그 캐스터

이 일을 하기 전 6개월 동안은 1차 카메라 테스트의 벽을

한 번도 넘지 못했다. 하지만 일주일에 한 번씩 카메라 앞에 서고 3시간도 훌쩍 넘는 중계를 해본 경험이 카메라 울렁증과 과도한 경직을 없애주었다. 실제 방송 경험이라는 무시무시한 무기를 장착할 수 있었다.

3. 뮤지컬 동호회 공연팀 활동

그저 취미로, 좋아서 시작했던 일이었다. 하지만 소리를 내는 방법을 연구하는 데 도움이 됐고, 취업 스트레스도 풀면서 발성 연습까지 동시에 할 수 있었다. 훗날 면접장에서 뮤지컬 마니아인 면접관을 만나는 행운까지 겹치며 이 경력 아닌 경력이 큰 힘을 발휘했다. 내가 지금 열심히 하는 취미가 나중에 어떤 상황으로 어떻게 연결될지 모른다. 건전하고 진취적인 취미 생활도 취업에 필수다.

4. 대기업 인사담당자

언뜻 보면 관계없는 일일 수 있지만, 나는 이것을 결국 시청자로 치환했다. 인사담당자는 회사의 직원들 즉, 사람을 대하는 직무다. 아나운서에게 사람은 곧 시청자다. 수많은 사람의 인사 관리를 하면서 상대방의 입장에서 생각할 줄 알게 되었다는 점을 어필했다. 언제나 시청자의 생각으로 접근하는 아나운서가 되겠다는 포부도 밝혔고 좋은 결과로 이어졌다.

맨땅에 헤딩 경력 쌓기!

"사소한 일이라도 내 꿈과 관련된 건 일단 하고 보자.

전혀 동떨어진 일이라면 어떻게 '관계'를 만들어낼지 고민하자.

그것도 안 된다면 내가 한번 경력을 만들어보자."

이미 너무 동떨어진 분야에서 경력을 쌓았다면 그것과 내가 바라는 일을 어떻게 '관계' 지을 수 있을지를 고민해봐야 한다. 예를 들어, 내 경력이 커피 전문점 알바 경험밖에 없다면, 그것을 어떻게 내 희망 직군으로 이어갈 수 있을까 연구해보는 것이다. 서빙을 하며 사람을 대하는 법을 익혔고 이를 영업, 마케팅 직군의 고객 분석에 응용할 수 있을 것이라든지, 건설 현장 일꾼 알바를 했다면 단순히 그 일에 그치지 않고 주변을 살펴 건물의 기초 공사, 일의 순서 등을 익힐 수 있었다든지, 어떤 식으로든 무언가로 발전시켜내야 한다. 물론, 이건 어쩔 수 없는 경우, 내가 가진 게 이것밖에 없을 경우다. 어떻게든 관련된 곳으로 가보자. 내 꿈의 주변을 자꾸 맴돌아보는 것이 먼저다.

온갖 경력 끌어모아 취업에 성공한 사례

1. 아나운서를 꿈꾸던 한 후배 아나운서는 보도국의 서무 아르바이트를 했다. 방송이 아닌 서무였지만 일 년 넘게 그 일을 하며 방송국이 돌아가는 과정을 누구보다 잘 알 수 있었다. 결국 그 후배는 그토록 원하던 카메라 앞에 설 수 있었다. 돌아가는 것도 신의 한 수가 될 수 있다는 걸 보여준 사례다.

2. 한 후배 PD는 편집 '덕후'였다. 그러다 어느 날 혼자 재미 삼아 올리던 유튜브 영상이 1,000만 조회 수를 기록했다. 그는 그것을 어필해 PD 시험에 합격했다. 경력이 없다면 스스로 만들 수 있다는 걸 보여준 사례다.

3. 동기인 편성PD는 TV 보는 것이 취미라 했다. 그는 면접 중에 자신은 하루에 18시간 TV를 본다고 말했다. 자는 시간 빼고는 오로지 TV만 본다는 것. 다른 특별한 경력도 없었다. 면접관들도 처음엔 거짓말이라 의심했지만 아니었다. 그는 마치 십수 년 동안 방에 갇혀 TV만 봤던 <올드보이>의 최민식처럼, TV에 관련된 모든 것을 알고 있었다. 그리고 그 엉뚱하지만 편성PD에게는 필수일 수 있는 취미로 당당히 합격했다.

내 경험을
쓸 만한 경력으로 바꾸기

　지난 9월 T 방송사 면접장에 외부 면접위원으로 참여했을 때였다. 관련 경력이 있는 지원자들이 꽤 있었는데, 같은 경력이 있는 사람이라도 대답이 이렇게 천지 차이일 수 있다는 것을 여실히 느꼈다. 모두에게 똑같은 질문을 했다.

　"관련 경력이 있으시네요. 그곳에서의 생활은 어떠셨나요?"

　A 지원자

　"저는 S 방송사에서 2년 동안 근무했습니다. 근무한 경력을 바탕으로 업무에 즉시 투입이 가능합니다. 여름철엔 태풍, 겨울엔 폭설 등의 재해재난 방송을 100회 이상 수행했습니다. 무슨 일이 생겨도 즉시 대응할 수 있는 능력을 길렀습니다."

B 지원자

"전 직장에서 일하며 늘 고민하던 문제는 이거였습니다. '내비게이션이 모든 것을 대체하고 있는 시대에 교통방송이 왜 존재하는가.' 교통방송이 없어도 운전자들은 아무런 불편을 느끼지 못하는데 말이죠. 하지만 저는 그곳에서 답을 찾았습니다. 결국, 사람이었습니다. (후략)"

A 지원자의 답변은 자기소개서를 그대로 읽는 것과 크게 다르지 않았다. 어디서 얼마나 경력을 쌓았는지는 자기소개서에 이미 나와 있다. 또한 무슨 일을 했는지, 몇 번이나 했는지는 동종 업계에 종사하는 사람이라면 대략 알 수 있다. 고민과 연구가 없는 단편적인 경력을 나열하는 것은 이력서의 텍스트와 크게 다르지 않다.

B 지원자의 답변에 당시 네 명의 면접위원들은 모두 고개를 끄덕이며 격하게 공감했다. 그 지원자가 면접장을 떠나고 나서도 그 문제에 대한 의견을 주고받을 정도였다. 면접위원들이 공감한 이유는 누구보다 업계의 고민을 잘 대답했기 때문이었다. B 지원자는 이전 직장에서 근무하며 시간만 보낸 것이 아니라는 것을 대답으로 증명했다. 깊이 고민하며 다녔다는 것을 보여주었다.

A 지원자보다 B 지원자에게 더 후한 점수가 돌아간 건 당연한 일이었다.

자동차 관련 대기업에 근무하고 있는 가까운 지인이 면접위원으로 참석했을 때였다.
"부품 회사 근무 경력이 있으시네요. 무슨 일을 하셨나요?"

A 지원자
"네, M사에서 3년 동안 재무운영부에서 근무했습니다. 매달 1,000명에 이르는 사원들의 급여 지급 업무를 막힘없이 잘 수행했습니다. 수시 업무뿐만 아니라 연말 정산이나 법인세 납부 같은 업무들도 한 건의 사고도 없이 해냈습니다. 이를 바탕으로 경영혁신 분야에서 남들보다 뛰어난 경쟁력을 보여줄 수 있습니다."

B 지원자
"네, H사에서 2년 동안 부품 및 자재관리를 했습니다. 반도체 부족에 대응하는 데 어려움을 겪었던 일이 가장 기억에 남습니다. 반도체가 많이 필요한 옵션을 빼고 가격을 낮춰 고객에게 접근해보자는 제안을 했고, 아이디어가 받아들여져 위기를 잘 벗어날 수 있었습니다. 기술은 우리의 생각보다 더 빠른 속도로 움직이고 있기 때문에 지금의 시스템으로는 따라가는 데 한계가 있습니다. 경영혁신 분야에서 한 발 더 앞서는 시스템을 만들어보고 싶습니다."

역시 A 지원자의 답변은 자기소개서와 다를 바 없다. B 지원자는 실무에서 고민한 흔적이 보인다. 업계에 닥친 가장 큰 현안을 끄집어내 해결하고자 하는 의지도 보인다. 자신의 직무를 발전시키고자 하는 자세도 엿볼 수 있다.

이전 경력 이렇게 활용하자!

"업계의 가장 큰 고민을 함께 생각해보는 자세가 필요하다.
업계의 가장 큰 과제를 치열하게 연구하고 고민하면
경력은 단순 경험이 아닌 쓸 만한 경력이 된다."

경력을 잘 살리는 꿀팁

1. 일하며 있었던 에피소드 한두 개는 반드시 정리해두자

특히 일하면서 가장 어려웠던 점, 보람찼던 점은 반드시 정리해두자. 그냥 '어렵고 힘들었다'로 끝나면 안 된다. '무슨 일을 한 게 가장 보람 찼다'에 머무르면 안 된다. 에피소드에 자신의 전문성을 담아야 하고 고민과 연구를 한 흔적을 녹여야 한다. 거기에 해결책이나 대안 제시 까지 한다면 완벽하다.

2. 업계의 전문용어 적당히 활용하기

업계의 전문용어를 적당히 활용하는 것은 자신이 제대로 된 경력을 쌓았다는 방증도 된다. 동종 업계에서만 사용하는 은어도 좋다. 너무 저급한 것이 아니라면 면접 때 적절히 사용해서 자신이 업무에 완전 히 녹아들었음을 어필할 수 있다.

3. 경력을 쌓아 이직하려는 이유는 꼭 필요하다

솔직히 말하면 월급을 더 많이 줘서, 지금 다니는 직장에 실망해서, 더 큰 기업에 다니고 싶으니까 등의 이유가 대부분일 것이다. 하지만 그보다 더 그럴듯한 이유가 필요하다. 구체적으로 특정 분야에 새롭 게 도전해보고 싶다든가 더 전문적인 커리어를 위해서라든가 하는 신념이 담긴 명분이 필요하다.

또한, 세련된 표현도 요구된다. 단순히 대기업이라서 이직하려는 것 이 아니라 더 큰 무대를 경험해보고 싶어서, 돈을 더 많이 줘서가 아니라 내 가치를 증명해 보이고 싶어서 등 품위 있는 말하기 역시 꼭 필요하다.

4. 무슨 일이 있어도 전 직장을 비하하지 말자

종종 전 직장의 잘못된 점만 꼬집는 지원자들이 있다. 물론 새롭게 지원한 회사에 잘 보이려다 보면 그런 실수를 할 수 있다. 하지만 스스로 이미지를 깎아 먹는 행위다. 만나면 남의 욕을 늘어놓는 데 시간을 다 보내는 사람을 떠올려보자. 내 앞에선 내 편을 들어준다 해도 뒤돌아서 무슨 이야기를 어떻게 할지 모르는 사람이라 판단될 수 있다. 지난 회사의 장점, 아쉬웠던 점, 그것을 지금 지원하는 회사에서 어떻게 활용할 수 있는지에 초점을 맞추자.

변화무쌍한
직종의 시대

최근 채용 트렌드의 가장 두드러진 현상 중 하나가 이전에는 없던 새로운 이름의 직종이 등장하는 것이다. 새로운 사업이나 업계의 변화로 이전엔 없던 새로운 직종이 탄생하는 때도 있고, 예전부터 쭉 있던 직종에 새로운 업무를 더해 새로운 이름을 붙이는 때도 있다. 단순히 명칭만 바꿀 때도 있다. 신입사원들을 폭넓게 활용하기 위해 직종을 통폐합하거나, 반대로 아주 세분화해 가장 작은 단위로 뽑는 회사도 있다.

내가 몸담은 방송계를 예로 들어보면, KBS는 2018년에 PD와 기자 구분을 없애고 '방송 저널리스트'라는 명칭으로 채용을 진행했다. PD와 기자를 지원하는 인력을 한꺼번에 뽑고 회사의 필요에 맞춰 추후 재배치해 인력배치의 효율을 높이겠다는 의도였다. 하지만 또 최근에는 다시 과거로 회귀해 합첬던 직종을 다시 기자와 PD로 나누어 뽑고 있다.

MBC는 과거 '방송기술'이란 이름으로 뽑던 엔지니어 직종을 'IT 엔지니어', '제작 엔지니어' 등의 이름으로 세분화했다. 또한, 시청자들이 편성 시간을 기다려 TV를 보는 패턴이 사라지는 추세를 고려해 편성PD 직군도 대체할 이름을 찾고 있다. 2021년 가을에는 'MBC 콘텐츠전략&마케팅'이라는 이름으로 새로이 채용공고를 냈다.

매년 바뀌는 채용 직종은 방송계에만 국한되는 것이 아니다. 'A전자 CE/IM 부문 및 SCM 물류 채용', 'B은행 G5 및 C3 채용', 'C사 L&B 채용'처럼 단순히 채용공고만 보면 한 번에 알기 어려운 직종, 직급의 단어들이 올라와 있다. 회사의 핵심 콘텐츠나 전략 사업을 떠나 채용 시장에도 광범위한 변화가 연일 일어나고 있다.

내가 가고 싶은 곳에 대한 지식과 이해가 없다면 자기소개서를 작성할 때부터 엉뚱한 이야기만 늘어놓을 수 있다. 혹여 운 좋게 서류심사를 통과한다 해도 면접 과정에서 자연스레 무지함이 들통나기 십상이다. 내가 지원할 직종을 분석하는 일은 회사의 색깔을 분석하는 일과 더불어 취업준비의 가장 기본이다.

직종의 변화무쌍을 대하는 태도!

"늘 다음 세 가지 의문을 품고, 답을 달아보자.

'무슨 일을 하는 직종인가?'

'이 직종을 왜 뽑는가?'

'나는 무엇을 할 수 있는가?'"

무슨 일을 하는 직종인가.

기본 중의 기본이다. 가장 좋은 방법은 현직에 있는 사람을 만나는 것이다. 실제 일하고 있는 사람의 이야기를 듣고 궁금한 점을 물어보는 것이 베스트다.

하지만 눈 씻고 찾아봐도 없을 수 있고, 있다 해도 기회를 잡을 수 없는 경우가 있다. 이럴 땐 어쩔 수 없다. 최근엔 채용 설명회나 직군 소개를 각 회사의 유튜브 채널을 통해서 쉽게 접할 수 있으니 꼭 챙겨봐야 한다. 해당 기업 인사담당자 인터뷰 기사가 있는지도 뒤져봐야 한다. 온라인 카페나 스터디도 적극적으로 활용해 정보를 얻자. 직종에 대한 정보는 많으면 많을수록 좋다.

이 직종을 왜 뽑는가.

이 문장 앞에 생략된 말은 '왜 지금 이 시기에', '회사에서 무엇을 하려고', '업계에 무슨 일이 있기에' 등이다. 최근 지원할 회사와 관련된 최고의 이슈는 무엇인지, 어떤 인력들을 가장 필요로 하는지를 조사하고 연구하다 보면 자연스레 답을 찾을 수 있다.

나는 무엇을 할 수 있는가.

가장 중요한 이야기다. 무슨 일을 하는 직종인지 알고, 뽑는 이유를 알았다면 내가 기여할 수 있는 부분을 반드시 찾아내야 한다.

이렇게 세 가지 의문에 대한 답을 달아보면 내가 지원할 직종에 대한 가장 기본적인 준비가 끝난 것이다.

도전할 분야의
직종 분석법

내가 몸담고 있는 일이 아닌 이상 다른 직종의 일은 잘 모를 수밖에 없다. 대충 짐작은 가지만 세부적으로 정확히 어떤 일을 하는지는 쉽게 떠올려지지 않는다. 가족이나 가까운 친구를 한번 떠올려보자. 그토록 가까운 사람들이 무슨 일을 하는지 내가 정확히 알고 있을까? 한 시대를 풍미했던 미국 드라마 〈프렌즈〉에 이런 상황을 묘사하는 신이 있다. 친한 친구들이 절친 중 한 명인 챈들러의 직업을 묻는 말에 답하지 못해 당황하는 장면이다.

지원자가 아니라 현직에 있는 사람이라 해도 직접 일해보지 않으면 다른 직종에 대해 속속들이 알 수 없다. 하지만 구직자는 모른다고 가만있을 수 없다. 내가 도전하는 직종에 대해 어느 정도 감이라도 잡고 채용 전형에 도전해야 한다.

직종 분석을 위해 꼭 해야 할 일!

"채용공고 및 직무소개 페이지 정독하기. 회사의 채용 유튜브
채널 시청하기. 관련 기사나 직원 인터뷰 챙겨 보기.
지인 찬스 최대한 활용하기."

채용공고 메인 페이지에 업무소개가 친절히 나와 있는 경우가 많다. 혹은 별도로 링크를 건 직무소개 페이지에는 더 세부적인 정보가 있으니 절대 빼먹어선 안 된다.

최근엔 회사마다 채용 유튜브 채널을 운영하거나 재직 중인 직원의 인터뷰도 어렵지 않게 찾아볼 수 있으니 빼놓지 말고 정주행해야 한다. 혹여 모르는 단어가 나오거나 업계에서만 쓰는 용어가 있으면 공부해서 보완하자. 이해가 안 되는 부분 역시 마찬가지다.

지인이 내가 지원한 회사에 재직 중이라면 이것은 최고의 기회다. 만나지 못한다면 전화 통화라도, 그것도 안 되면 이메일이나 문자로라도 꼭 궁금한 점을 물어봐야 한다. 궁금한 것들을 리스트업해두고 지인이 귀찮아할 정도로 캐물어보자.

그 외의 꿀팁

1. 이전의 채용공고와 현재의 채용공고 비교하기

채용 시기가 되면 회사는 가장 먼저 인사부나 인력개발부를 중심으로 각 부서의 신입사원 수요를 파악한다. 그것을 한데 모으면 기본적인 T/O가 된다. 또한, 직전의 채용 프로세스를 확인한다. 거기에 회사의 헤드쿼터인 기획부서에서 강조하는 점을 반영해 더하고 뺀다. 기본 틀을 두고 회사를 둘러싼 여러 이해관계를 반영해 채용 직종에 변화를 주는 것이다.

지원자도 똑같은 프로세스로 가면 된다. 우선 이전의 채용공고를 확인한다. 그리고 이번의 채용공고와 비교한다. 완전히 똑같다면 큰 변화를 주지 않을 공산이 크다. 기업이 보수적으로 이전의 채용 프로세스를 그대로 간다고 생각하면 된다.

하지만 필요 직종의 이름, 전형방식 등이 바뀌었다면 그 이유를 샅샅이 파헤쳐봐야 한다. 직종이 통합되거나 추가됐을 수 있다. 최신의 트렌드가 반영됐을 가능성이 크고, 신입사원에게 요구되는 자질도 달라질 확률이 높다. 이전 공고와 비교해 다른 점을 찾아내자. 그것은 이번 채용의 핵심 포인트가 된다.

2. 채용공고에 의미 없는 문장은 없다

채용담당자 시절 가장 꼴불견 지원자 중 하나는 채용공고에 대한 기본적인 숙지가 없는 사람이었다. 채용공고는 회사에서 여러 차례 검토에 검토를 거듭하고 확정 짓는다. 모집 분야, 지원 절차 및 일정, 주의사항 등의 주요 내용이 알기 쉽게 정리돼 있다. 특히나 당구장 기호로 표시된 부분이나 밑줄 쳐진 부분은 그동안 지원자들이 가장 많이 하는 실수이거나 강조사항이니 꼼꼼히 챙겨야 한다.

직종에 국한된 이야기가 아니다. 해당 직종에 대한 추가적인 보완사항이 표시된 경우도 있지만, 서류전형 주의점, 면접 때의 준수사항, 그 외 특이사항도 적혀 있다. 공고에 이미 나와 있는 내용을 준수하지 않거나 다시 질문하면 꼴불견 지원자가 된다. 인사팀의 원칙상 준수사항을 지키지 않아 0점 처리되는 경우도 있다. 서류전형이나 영상전형에 기본 틀을 지키지 않거나 영상의 길이를 초과해 제출해 어쩔 수 없이 0점을 줄 수밖에 없었던 사례가 분명히 존재한다. 채용공고는 처음부터 끝까지, 지나치다 싶을 정도로 꼼꼼히 챙겨보자.

지원하는 회사의
색깔 분석하기

취업준비생들에게 가장 필요한 것 중 하나가 지원하는 회사에 대한 분석이다. 하루에도 수많은 이력서를 써 내려가야 하지만 계속 복사해서 붙여 넣을 수만은 없다. 내가 지원하는 회사의 색깔을 분석하는 일이 중요한 이유는 회사의 문화가 원하는 인재상으로 고스란히 반영되기 때문이다. 예를 들면 보수적으로 유명한 기업 중 하나인 A 기업의 경우, 너무 급진적인 내용을 이력서에 담거나 자유분방한 모습을 면접에서 보이면 불리하게 작용할 수 있다. 반대로 창의성과 자율성을 중시하는 B기업의 경우 그저 고분고분한 지원자는 매력 없이 느껴질 수 있다.

회사의 채용을 담당하는 인사팀이나 인재개발부 같은 곳은 회사의 색깔이 가장 잘 투영되는 곳이다. 대표이사의 최측

근 부서이니 그럴 수밖에 없다. 채용담당자 시절을 떠올려보면 면접위원을 섭외할 때도 회사의 색깔이 가장 잘 드러나는 사람들, 쉽게 말해 그 회사에서 제일 잘나가는 사람들을 섭외했다. 혹은 회사의 중견급 이상들, 그 회사에서 오랫동안 녹을 먹은 사람들을 1순위에 두고 고려했다.

즉, 대표이사=인사팀=면접위원=회사의 색깔이라고 보면 된다. 여기에 하나를 추가하면 이거다. 대표이사=인사팀=면접위원=회사의 색깔=뽑고 싶은 사람.
어느 회사나 그렇다. 지원자 모두를 이렇게 뽑진 않지만, 대부분이 이런 마음이다. 나와, 우리 집단과 비슷한 사람, 후배 삼고 싶은 사람, 같이 일하고 싶은 사람을 뽑고 싶어 한다.

C사의 최종면접장이었다. 당시 업계 1위를 달리던 C사의 엔지니어를 뽑는 자리로, 생산 라인이 워낙 분주하게 돌아가는 회사여서 업무 강도도 세다는 소문을 익히 듣던 곳이었다. 회사의 문화는 그야말로 상명하복. 시키면 시키는 대로 하는 분위기가 지배적인 보수적인 회사였다.
나는 운이 좋은 건지 나쁜 건지 친하게 지냈던 대학 동기 두 명과 같은 조에 편성돼 함께 면접을 봤다. 들어가자마자 지원자 5명이 차례로 자기소개를 이어갔다. 다들 엔지니어로서의 포부를 밝히는 자리에 나는 한껏 감성적인 자기소개를 늘어놓았다. 오래된 일이라 정확히 기억나지 않지만, 면접장을 나와서 동기가 해준 말은 기억에 남는다.

"나진아. 자기소개 잘 들었다. 감동적이더라. 근데 이 회사는 그냥 일 열심히 할 사람 필요한 거 같아서 난 그냥 뭐든 시키는 대로 열심히 하겠다는 느낌으로 준비했어. 떨어져도 어쩔 수 없지 뭐."

결과는? 친구는 합격, 나는 불합격이었다. 나의 가장 큰 패착은 무엇일까?

그냥 내 멋, 내 감정에 취해 장소에 어울리지 않는 말을 하고 온 것이다. 아무리 비싼 등산복도 산이 아닌 회사에 입고 나오면 잘못된 복장이 된다. 취업도 마찬가지다. 회사의 색깔을 꼭 분석하고 들어가야 한다.

치열하게 분석하고 연구하기!
"지원하는 회사의 색깔을 분석하고 연구하자.
내가 가지고 있는 성향 중 그곳에 맞는 부분을 발굴하자.

회사를 분석하는 일에 더해 꼭 필요한 것은 나를 제대로 들여다볼 줄 아는 것이다. 치열하게 나를 분석해 내가 가진 능력이나 관심이 회사의 어느 부분과 맞아떨어지는가를 알아야 한다. 지원할 회사를 분석해보니 진보적, 활동적, 개인적인 느낌인데 나는 보수적이고 안정적인 것을 선호하며 단체 문화를 좋아하는 사람이라면? 지원할 회사와 내가 접점이 없다는 것을 깨닫게 된다면?

빠르게 포기하는 것도 아주 좋은 방법이다. 에너지를 쏟을 곳은 많기 때문이다. 혹여 내게 맞지 않는 곳에 취업한다 해도 중간에 그만둘 확률이 아주 높다.

치열하게 분석하고 고민하고 연구하자. 내가 지금 지원하는 이 회사의 색깔은 검은색인가, 하얀색인가. 묵묵히 일하는 곳인가, 개성을 강하게 드러내는 곳인가. 개인의 힘을 더 중시하는가, 단체로서의 힘을 더 중시하는가. 그리고 장소에 어울리는 능력을 꺼내보자. 장소에 어울리는 말을 꺼내보자.

지원할 회사를 분석하는 꿀팁

1. 회사가 역점을 두고 있는 사업을 분석하고 의견을 제시해보자

이력서 작성이든 면접이든 쉽게 볼 수 있는 항목 중 하나가 '당사에 지원하는 이유'일 것이다. "늘 애플의 제품을 써왔다.", "우리 가족은 항상 기업은행을 이용했다.", "회사의 인재상이 나의 가치관과 같다." 같은 효과 없는 말을 메인으로 늘어놓지 말자. 이런 말들은 메인 말고 서브로, 아주 살포시 짚어만 주자.

회사가 가장 힘주고 추진하는 핵심 사업을 찾아보자. 예를 들어 모빌리티 사업을 새로 확장하고 있는 A사가 있다면 그것을 연구해 대답하자.

"저는 최근 추진되는 에어택시 사업에 관심이 많습니다. 최첨단 기술로 획기적인 이동의 변화를 만들어보고 싶어서 지원하게 됐습니다. 영화 속에서나 보던 최고의 기술력을 어린 시절부터 늘 함께한 회사인 A사에서 펼쳐볼 수 있다는 생각만으로도 짜릿합니다. 물론 높은 가격이나 안전성은 반드시 넘어야 할 숙제이지만, 그것 또한 극복해 나가며 A사의 혁신을 이끌어보고 싶습니다."

2. 홈페이지의 인재상보다 회사 관련 기사를 더 유심히 보자

지원할 회사 홈페이지에 들어가 보면 취준생은 가장 먼저 인재상을 찾는다. 여러 도형을 이용해 두루뭉술하게 표현해놓은 인재상은 뻔하다. 결국 '창의적', '도전적', '새로운' 등으로 귀결되는, 와닿지 않는 단어들일 뿐이다.

관련 기사를 검색해서 색깔을 파악하자. 예를 들면 이런 것이다. A사가 노동조합을 절대 인정하지 않는다는 기사를 보면 이 회사를 진보적으로 보기는 어렵다. 국가 기관과 긴밀히 사업을 이어오고 있다는 B사의 기사를 봤는데 야당 성향만 드러내는 것은 싸우자는 것이다. 스타트업 C사가 이제 막 출발했다는 기사를 접했는데 그곳에서 워라밸을 이야기하는 건 일 안 하겠다는 것이다.

취업준비를
준비해야 하는 시대

'취업준비 준비'라는 말이 생겨났다. 이 책의 인쇄가 잘못된 것이 아니다. '준비'라는 단어가 두 번 연속 붙는다. 취업준비를 준비하기 위해서 미리 아르바이트해서 필요한 돈을 모아두는 것이 대표적이다. 취업을 준비해야 하는 기간이 길어지다 보니 생겨난 웃지 못할 말이다. 그냥 '취업준비'가 아니고 '취업준비를 준비'하는 시대. 그만큼 취업을 위한 과정도 복잡해지고 준비 기간도 길어지고 있다.

돈을 모아두는 것만 취업준비 준비가 아니다. 대학 신입생 때부터 취업을 염두에 두고 수업을 듣는다. 방학 때는 취업을 위한 활동을 이어간다. 대학 1, 2학년생들이 공무원 시험 준비를 하기 시작하는 것이 대표적이다. 학업 외 남는 시간은 취업을 위한 스펙을 쌓으며 보낸다. 수업을 땡땡이치고 낮술을 마시고 연애나 실컷 하던 이전 시대의 대학 생활은 이제는 찾아보기 힘든, 옛날 사람들의 무용담쯤으로 기억되고 있다.

대학 때 다양한 경험을 쌓는 것도 취업준비의 준비 과정이다. 하지만 요즘엔 취업과의 연관성이 크지 않으면 꺼려지는 것이 사실이다. 내 이력서에 들어갈 내용이 아니면 굳이 시간을 할애할 필요를 못 느낀다. 대학 시절의 낭만 따위는 꿈도 못 꾸는 현실이 삭막하지만, 그래도 할 건 해야 하는 현실에 적응해야 한다.

취업준비를 준비할 땐 이렇게!
"세부적인 접근보다는 큼직큼직하게 접근하자.
미룰수록 절대시간이 늘어나는 것들을 미리미리 해두자."

일반 대기업 입사가 목표인 사람은 취업준비 준비를 너무 세부적으로 하지 않는 편이 좋다. 큼직큼직하게 보자. 대학 4년 혹은 그 이상을 보내는 동안 내가 하고 싶은 일이 계속 달라지기 때문이다. 대학 4학년쯤 됐을 때 1학년 시절부터 한 번 뒤돌아보면, 자신의 목표가 수십 번 바뀌어 있는 걸 발견할 것이다. 지극히 자연스러운 일이다. 대학을 졸업하고 전공과 무관한 분야로 뛰어드는 사람도 허다하다. 대학 시절은 사춘기 못지않게 나를 둘러싼 상황이 수시로 바뀌는 시기이니 취업을 너무 작은 분야로 접근하지 말자. 내가 진짜 하고 싶은 분야를 만났을 때의 대처가 어렵고 대응 시간이 늘어난다.

물론 해외 공인회계사나 변리사 같은 전문 직종은 전혀 반대의 이야기다. 고난도의 자격이 필요한 전문직을 목표로 한다면 취업준비 준비는 미리 세분화해 접근할수록 유리하다. 확고한 목표가 있는 사람은 뒤도 돌아보지 말고 본격적으로 취업준비 준비에 뛰어들자.

취업준비 준비는 별 게 아니다. 나이 들어서 하면 시간이 아까운 일들을 추려 미리 해두는 것 역시 취업준비 준비다. 시간을 절약하는 것이다.

운전면허를 예로 들어보자. 성인이 되면 가장 먼저 하고 싶은 일 중 늘 상위권에 뽑히는데, 차일피일 미루다 서른 넘어 따려면 시간이 너무 아깝다. 어릴 때 하면 손쉬운 일이지만, 나이 들면 몸도 둔해져 시험에 한 번에 붙기도 어려워진다. 나이 들수록 시간이라는 놈이 너무나도 아깝다. 이런 일을 리스트업해서 미리 해두자. 취업 시장에 뛰어들어 일분일초가 아까울 때 이런 일에 시간을 뺏기는 건 너무 큰 손실이다. 사회생활을 하며 준비하는 것 역시 비효율적이다.

다양한 경험을 해보는 것 역시 취업준비 준비다. '내 꿈은 공무원이다'처럼 확실한 목표나 신념이 있는 사람들 정도를 제외하면 굳이 미리 20대 초반부터 기출 문제를 풀고 있을 이유가 없다. 인생은 연결에 연결이고, 지금 하는 일이 어떻게 이어질지 모른다. 전공이나 취업과 전혀 무관한 아르바이트를 하다 새로운 분야에 눈뜰 수 있다. 인턴십 정도로 여겼던 일에 뼈를 묻는 사람들도 있다. 배낭여행을 하다 로마에 빠져 관련 직업이 평생 직업이 된 지인도 있었다.

단순히 돈을 벌고, 일찌감치 시험을 대비하는 것만이 '취업준비 준비'라는 생각을 버려야 한다. 너무 심각하게 접근해 미리 취업 스트레스를 받지 말자. 소위 '취업준비 준비' 시기는 무한한 가능성이 열려 있는 순간이다. 가능성을 스스로 닫지 말고 조급해하지 말자. 더 큰 목표와 꿈을 마음껏 꾸어나가자.

chapter 3

놓치기 쉬운 취업 전략

면접에서
가장 중요한 순간

처음으로 면접위원에 위촉됐을 때가 생각난다. 당시 불과 4년 차밖에 되지 않았지만, 중책을 맡게 됐다. 물론 회사에서도 안전장치를 두었다. 낮은 연차인 내가 면접위원 경험이 없으니 당시 30년 차를 넘긴 대선배와 같은 조로 묶었다.

그때 비로소 면접위원도 경험이 쌓여야 한다는 것을 알게 됐다. 마냥 편할 줄 알았던 면접위원이 치열한 고민과 끊임없는 연구를 해야 한다는 것도 알았다. 가장 기본이 되는 점수 배분에서부터 사람을 보는 능력, 무수히 쏟아지는 지원자들을 끝까지 집중해서 지켜볼 줄 아는 인내력 등 면접위원에게는 여러 자질이 요구됐기 때문이다.

가장 어려웠던 것은 점수 배분이었다. 방송사 아나운서 1차 카메라 테스트에서 하루에 많게는 500명까지도 본 적이 있는

데, 전형이 진행될수록 내 배점 기준이 달라지는 것을 느꼈다. 면접 초기에 점수를 너무 잘 줘 인플레이션이 형성되면 뒤쪽으로 갈수록 수습하기가 힘들어졌다. 처음 면접위원을 할 때 이 점을 고려하지 못해 점심시간에 점수를 대량 수정하기도 했다. 함께 한 베테랑 선배의 가르침으로 문제없이 대처할 수 있어서 다행이었다.

경험이 쌓인 뒤로는 면접위원의 역할을 제법 잘 수행했다. 필기시험 출제위원도 하고, 동영상 심사위원, 1차 카메라 테스트보다 높은 차수의 면접관도 하게 되었다. 다른 회사의 면접관으로 위촉되기도 했다. 적지 않은 경험이 쌓이고 다른 선후배들이 심사하는 것을 지켜보며 나와 그들이 공통으로 가진 생각 하나를 알게 되었다.

면접에서 가장 중요한 시간!
"면접 시작 후 1~2분이 중요하다.
혹은 1, 2번째 질문에 대해 답변하는 순간까지다."

이 이야기는 나만의 생각으로 단정 지어 말하기엔 무리가 있어 베테랑 면접위원들의 고견을 청취해봤다. 하나같이 말하는 공통점은 좋은 점수를 줄지 말지 마음을 정하는 순간은 면접 초반이라는 것이다. 면접 초반을 구체적인 시간으로 말하면 평균 2분 내외다. 심지어 30년 경력의 선배 한 분은 면접장 안으로 걸어 들어오는 모습에서 지원자의 윤곽이 잡히는 경우도 있다고 했다. 언어적인 면뿐만 아니라 눈짓, 자세, 표정 등의 비언어적인 면에서도 많은 부분 평가가 가능하기 때문이다.

물론 짧은 시간에 선입견이 형성돼버리는, 지원자들의 남은 면접 시간을 작위적으로 판단해버리는 면접 방식의 오류일 수 있다. 하지만 그런 방식으로 몇십 년을 내려온 것이 면접이다. 과거의 방식이 무조건 옳진 않지만, 그렇게 판단해도, 좋은 사람을 뽑아왔다는 실적이 있다. 또한, 회사의 정체성을 반영하는 방법이기도 하다. 회사의 핵심인력이 면접위원으로 나서는 만큼, 그 핵심인력이 보는 눈은 회사가 보는 눈과 크게 다르지 않기 때문이다.

점수가 면접 후반부에 뒤집어지는 경우가 있긴 있다. 하지만 극히 드문 경우다. 특정 주제에 대해 특장점을 보이거나, 한 분야에 아주 전문적인 모습을 보일 때, 혹은 뒤로 갈수록 비로소 긴장이 풀려 제 모습을 드러내는 지원자의 경우다. 물론 기술면접이나 미션을 차례로 수행하는 면접은 이와는 분명 다른 케이스다.

잊지 말아야 하는 또 하나의 사실은 지원자가 첫 단어를 입에서 떼는 순간이 면접관도 가장 집중하는 순간이라는 것이다. 적게 잡아 면접관이 하루 100명의 지원자를 만난다 생각해보자. 3명씩 약 33조, 한 조에 넉넉잡아 10분씩이면 총 330분이다. 최소 5시간 30분 지원자를 만나야 하는데 그 긴 시간의 모든 순간을 집중하기란 쉬운 일이 아니다. 한 조의 면접을 치르는 10분의 시간 동안 면접위원도 초반에 가장 집중력이 좋다. 초반이 중요한 또 다른 이유다. 면접위원과 지원자 모두 서로에게 가장 몰입하는 시간이라는 것.

결국, 지원자들은 면접 초반을 가장 중요하게 생각해야 한다. 물론 지원자는 당연히 모든 순간에 최선을 다해야 한다. 면접 초반을 중요시하라는 말은 처음부터 과도한 긴장을 하지 않고, 대답을 적절한 길이로 할 줄 알며, 분위기에 어울리는 톤과 어조로 시작해야 한다는 것이다. 초반에 큰 실수를 하지 않는 것도 중요하다.

면접 볼 때 깨알 꿀팁

1. 초반엔 실수를 줄이는 방법으로 임하자

면접이 시작된 직후에는 독특하고 기발한 대답을 하려 하기보다는 실수를 줄이는 쪽으로 가자. 무난하게 시작하는 것이 좋다. 초반부터 무리수를 던져버리면 면접위원이 자칫 성급히 판단을 내려버릴 수 있다.

2. 신중한 면접관도 있다

면접이 끝나고도 결정을 못 내리는 면접관도 있다. 주변의 면접관 중 약 20% 정도였다. 지원자가 나가고 다음 지원자가 들어오는데도 결정을 쉽사리 하지 못하는 경우도 많다 했다. 혹여나 내가 면접 초반에 실수했더라도 지레 겁먹고 포기하면 안 되는 이유다.

3. 질문을 많이 받는 경우는 셋 중 하나다

첫 번째 경우는 면접관이 관심이 많아 궁금한 것도 많은 지원자다. 내가 본 이미지가 맞는지 질문을 마구 던지며 확인한다.

조금 애매한 지원자도 질문을 많이 받는다. 높은 점수도 낮은 점수도 아닌 것 같은 지원자에게는 추가 질문을 몇 개 더 던진다.

마지막은 대답할수록 매력이 보이는 지원자다. 처음엔 못 느꼈는데 면접이 진행될수록 매력이 보일랑 말랑한 지원자가 있다.

어떤 경우든 내게 질문이 갑자기 쏟아진다면 적극적으로 대처할 필요가 있다. 질문은 즉, 기회다. 지원자는 기회를 살려야 한다.

면접장에서
온전히 솔직할 수는 없다

A사 면접장에서 이런 질문을 받았다.

"김나진 씨는 지금 보아하니 엔지니어 느낌은 아니시네요. 다른 일을 훨씬 더 잘하실 거 같은데. 진짜 자신의 꿈이 뭐예요? 면접장이라고 생각지 마시고 편안히 한번 말씀해보세요."

이 질문 하나로 압박만 가득했던 면접장의 분위기가 확 바뀌었다. 다른 면접관들은 내내 쏘아붙이기만 했지 부드러운 말투는 전혀 없었다. 인자한 인상의 이 면접관만이 온화한 미소를 지으며, 나는 옆에 있는 면접관들과 달라, 나에겐 솔직하게 다 털어놓아도 돼, 라고 말하는 것 같았다. 직전까지 온갖 공격을 받던 터라 그 면접관의 따스한 질문에 마음이 녹았다. 사람은 그렇다. 아무리 멘탈을 붙잡으려 해도 모진 말에 상처받고 주눅 들며, 따뜻한 말 한마디에 마음을 열게 된다.

"네…. 사실 저는 아나운서가 꿈입니다."

그 면접관은 대답에도 잘 호응해주었다. 아나운서가 어울릴 거 같다느니, 심지어 목소리가 좋다는 칭찬도 덧붙였다.

하지만 양옆의 면접관은 가만히 있지 않았다. 요놈 봐라, 제대로 걸렸다.

"아나운서라고요? 엔지니어와는 전혀 어울리지 않는데? 그럼 왜 여기 와 있어요? 여기는 죽었다 생각하고 일만 해도 모자란 곳이에요. 어서 방송국으로 가셔야겠네. 허허허."

결과는? 너무 뻔해서 재미없다. 불합격.

면접장에서 놓쳐선 안 될 처세!

"취업만을 위해서라면 솔직해지면 안 된다. 때론 능숙한 연기가 필요하다. 다만, 진정한 꿈 앞에서는 솔직해질수록 유리하다."

시간이 흘러 면접관으로서의 첫 임무를 소화할 때 스스로 적잖이 놀랐다. 나도 내가 그런 사람이 될 줄 몰랐기 때문이다. 우리 회사에 대해 쓴소리를 하는 지원자보다 간이고 쓸개고 다 내줄 거 같은 지원자가 예뻐 보였다. 물론 너무 오버하면 경계했지만. 뼈아픈 이야기에 날이 서서 들어오는 비판보다 적당한 선에서 합리적 비판을 하는 지원자에게 호감이 갔다. 면접관도 때로 감정에 휘둘리는 '사람'이라는 얘기다.

취업만을 위해서 움직이는 경우가 있다. 나도 첫 직장을 그렇게 들어갔다. 무슨 일을 하는 회사인지, 그 회사에서 어떻게 내 꿈을 펼칠 수 있는지 진지하게 고민해본 적 없었다. 그저 돈을 버는 것, 취업이 목표였다. 이럴 땐 면접장에서 완전히 솔직해지면 100% 떨어진다. 면접관에게 다른 곳에 한눈팔고 있는 지원자를 받아들일 아량까지 보이라는 건 무리한 요구다. 면접장 안에서 주어지는 10분도 채 안 되는 짧은 시간 동안 그 회사를 위해 사는 사람으로 존재해야 한다. 그 어떤 사탕발림에도 넘어가서는 안 된다.

반대의 경우가 있다. 진짜 내 꿈의 회사에 면접을 보는 소중한 기회를 얻을 때다. 이때는 무조건 솔직해져야 한다. 내가 이 꿈, 이 회사를 위해 어떤 노력을 했는지 솔직하게 이야기만 해도 면접관을 움직일 수 있다. 무조건 합격으로 이어지는 것은 아니지만, 솔직함은 최고의 무기 중 하나가 된다. 거짓말은 한번 하면 그 거짓말을 덮기 위해 또 다른 거짓말을 만들어야 한다. 꼬리질문 몇 번이면 들통나기 십상이다.

취업을 위해 이렇게까지 해야 하나 싶다. 삼성에 가선 무노조 경영을 찬양하고 목숨 바쳐 일할 사람이 된다. 카카오에 가서는 자유롭고 창의적인 사람처럼 보여야 한다. MBC에 가서는 비판적이지만 따뜻한 사람이 돼야 한다. 면접을 보다 보면 내가 누군지 헷갈릴 때가 많다. 하지만 나를 잘 알고 있으면 괜찮다. 내가 진정으로 바라는 것을 알고 있으면 흔들리지 않을 수 있다. 이곳저곳에서 연기를 하더라도 언젠가 내가 꼭 가고 싶은 곳을 위한 예행연습이라 생각하면 된다.

연기를 해서 합격한다고 해서 그 직장이 꿈의 장소가 아니라는 건 아니다. '잘못 탄 열차가 목적지에 데려다준다'라는 인도 속담도 있지 않은가. 사회생활은 모르는 거다. 면접에서 최고의 연기로 합격했어도 그 직장이 내 인생 직장이 될 수도 있다. 사실 인생이 그래서 재밌기도 하다.

경험은 나열에 그쳐선 안 된다

지원자들이 가장 크게 하는 실수 중 하나가 자신의 경험을 나열 수준에서 그치는 것이다.

"저는 A 방송국의 보도국 인턴으로 근무하면서 보도에 대한 기본적인 지식과 관련 업무를 미리 경험해볼 수 있었습니다. 특히 비혼부에 대해 집중 취재한 과정을 지켜본 것이 가장 기억에 남습니다. 저도 그런 아이템을 발굴해 취재해보고 싶습니다."

이렇게 단순하게 경험을 열거하거나 희망사항만 표출하면 면접관은 의문이 들 수밖에 없다.

'그래서? 그 경험이 어쨌다는 거지?'

'그래서? 그 아이템에서 무슨 생각을 했고 무얼 보완해야 하는데?'

운이 좋다면 관련 꼬리질문을 받아 자세히 설명할 수 있겠지만 면접장의 시간은 정해져 있다. 지원자도 면접관도 면접 진행자도 시간이 없다. 거기서 다른 질문으로 가거나 발언 기회가 다른 지원자로 넘어갈 가능성이 높다는 얘기다.

똑같은 상황에서 이렇게 말해보자.

"저는 A 방송국 보도국의 인턴으로 근무하며 소중한 경험을 쌓았습니다. 특히 지난 비혼부 기사가 기억에 남습니다. 잘 알려지지 않았던 비혼부에 대한 화두를 던진 것 자체가 놀라웠습니다. 또한 사각지대에 놓여 있는 사람의 아픔을 잘 표현했다 생각합니다. 하지만 아이의 인권에 대한 문제도 짚어줬으면 하는 아쉬움도 있었습니다."

경험을 세련되게 어필하는 방법!
"경험은 나열에 그치면 안 된다. 경험을 분석해야 한다.
경험에서 배운 점과 내가 독창적으로 생각해서 아쉬웠던 점,
보완할 점을 찾아 함께 버무려야 한다."

"저는 A사에서 아르바이트하면서 일선에서 힘들게 근무하는 사람들의 고충에 대해 잘 알 수 있는 뜻깊은 시간을 보냈습니다"처럼 '좋았다', '경험해봤다'라고 단순히 말하지 말자.

"저는 A사에서 아르바이트하면서 고객들의 패턴을 분석해 봤습니다. 연령, 성별에 따른 니즈를 살펴봤더니 ○○○라는 결과를 얻을 수 있었습니다. 제가 입사한다면 매출 증대를 위해 이 결과를 꼭 적용해보고 싶습니다"라고 말해보자. 소중한 경험을 하며 얻은 것을 구체적으로 분석하고 연구해 수치화해보자.

자기소개서에도, 면접에도 똑같이 적용해야 한다. 추상적이고 두루뭉술한 경험담은 쓰나 마나 한 일이다. 경험을 통해 내가 얻은 것은 무엇인지, 그 경험을 내가 지원하는 회사에 어떻게 연결할 수 있는지를 고민해 연구해야 한다. 아주 작은 아르바이트 경험이라 해도 통찰력을 발휘해 무언가를 얻어내는 사람과 그렇지 않은 사람의 차이는 면접의 당락을 좌우하는 중요한 요소다.

채용담당자는 당신을 붙일 순 없어도 떨어뜨릴 수는 있다

전형 과정은 단순히 면접장에서만 이루어지지 않는다. 면접 날 집을 나선 후 지원할 회사로 이동해 면접을 치르고 집에 돌아올 때까지 긴장의 끈을 놓아선 안 된다. 폴킴의 명곡 〈모든 날 모든 순간〉이라는 제목처럼 면접 날의 모든 순간, 모든 장소는 면접 그 자체다.

지원자는 회사 근처에서 마주하는 모든 사람이 면접관이라고 생각해야 한다. 로비에서 마주치는 직원들은 물론이고 청원경찰, 안내데스크 직원, 환경미화원 등 모든 사람의 시선은 지원자를 향하고 있다. 회사 근처의 지하철역이나 버스 정류장, 인근 주차장, 커피 전문점, 음식점은 모두 면접장이다. 시간과 장소를 불문하고 지원자를 바라보는 무수한 눈이 존재하기 때문이다. 실제로 이런 장소, 이런 사람들이 보고 듣고 전하는 이야기가 채용에 영향을 미치는 사례가 존재한다.

현직에 근무하는 사람들은 면접 지원자를 한눈에 알아볼 수 있다. 자신이 근무하는 회사의 채용 소식은 당연히 알 수밖에 없고, 면접이 치러지는 날은 직장인들이 관심 있게 지켜보는 큰 이벤트이기 때문이다. 머리부터 발끝까지 풀 세팅에 완벽한 매무새를 갖추고 회사 어디에 뭐가 있는지 몰라 허둥지둥하는 사람을 설마 알아보지 못할 거라고 생각하면 큰 오산이다.

특히 채용담당자와 직원들이 지원자를 지켜보는 곳에서는 더욱 행동을 조심해야 한다. 그렇다고 비굴하게 굽신거리라는 말이 아니다. 사소한 하나하나에 신경을 써야 한다는 것이다. 특히 채용담당자들은 안 그래 보이지만 여러분의 일거수일투족을 관심 있게 지켜보는 사람이다. 아주 사소한 것까지 말이다.

채용담당자는 회사의 수직 구조에 놓고 보면 아래쪽에 가깝다. 대개 4~5년 차 직원들이 많다. 아직 실무자 단계인 사람들이라는 것. 즉, 채용 점수에 직접적인 영향을 끼칠 수는 없다. 하지만 채용담당자는 면접장에서 일어나는 모든 일에 대해 보고의 의무가 있다. 지원자들의 행동 하나하나를 주의 깊게 관찰하고, 특이점은 상부로 올려보내게 된다. 내가 모시던 상사 중에는 면접장 특이사항을 반드시 보고하라고 지시한 분도 있었다.

예의 없는 행동이나 특별한 이유 없는 지각, 불필요한 요구 사항이 면접관들에게 전달되면 지원자는 고달파진다. 선입견이라는 것이 참 무섭기 때문이다. 100m 달리기에서 남들보다 10m 뒤에서 출발하는 것과 다를 바 없다. 면접위원 중에는 미리 보고를 받고 지각한 지원자에게 지각의 이유를 물어보는 사람도 있었다. 그런 경우 십중팔구 지원자는 어떤 변명을 대도 사면초가에 몰릴 수밖에 없다.

면접 날의 유의점!
"면접 날 모든 시간, 모든 장소는 면접장이다.
채용담당자는 당신을 붙일 순 없어도 떨어지게 할 수는 있다."

면접이 끝난 후 저녁 식사 자리까지 일정에 포함된 전형도 가끔 볼 수 있다. 사실 여기서부터는 마이너스 옵션이라고 보면 된다. 술자리에서 분위기를 띄우고 기가 막힌 화술을 구사한다 해도 공식적으로 추가점수를 받기는 쉽지 않다. 하지만 마이너스 점수는 분명히 받을 수 있다. 적당히 몸을 사리는 것이 필요한 시점이다. 괜히 친화력을 보여준다고 술을 너무 많이 마셔 돌이킬 수 없는 행동을 하게 된다든가, 긴장감이 풀어져 쓸데없이 과한 농담을 하게 될 수 있다. 최종합격을 거머쥐는 순간까지는 불편하더라도 20~30%의 긴장감은 가지고 가야 한다. 그것이 결국 지원자를 보호해줄 수 있다.

채용담당자가 보는 면접장 꼴불견 유형

1. 면접장에 부모와 동행하는 유형

'엄빠'를 하인처럼 부리는 지원자가 실제로 존재한다. 수많은 눈이 있는 회사 로비 혹은 근처 커피 전문점에서 어머니에게 짜증 섞인 말투를 내뱉거나 아버지에게 가방을 들게 하는 지원자를 매년 꼭 보게 된다. 혹여 내가 그렇게 행동하고 있다면 집에서만 그렇게 하자. 가장 눈살이 찌푸려지는 행동이다. 사회인으로서 출발하는 첫 관문에서 본인은 아직도 응석받이라는 것을 증명하는 꼴이다.

2. 여러 번 안내한 내용을 또 질문하는 유형

채용담당자는 하루 동안 수백 명도 넘는 지원자에게 끊임없이 똑같은 말을 반복한다. 새로운 사람들이 올 때마다 면접의 시간, 방식, 순서, 주의점 등을 하루에도 몇 번씩 설명한다. 분명 다 똑같이 공지했는데 절차를 잘 기억하고 따르는 사람이 있는 반면, 했던 이야기를 또 하게 만드는 지원자가 있다. 후자 쪽은 성의가 없어 보이거나 집중하지 않는 태도로 보일 수 있다.

3. 180도 돌변하는 유형

잘 보여야 하는 면접위원이나 회사직원들에게는 한없이 저자세로 임하고, 회사 주변 음식점이나 커피 전문점에서는 소위 갑질을 하는 모습이 목격된 지원자가 있었다. 자신의 스트레스를 주차관리요원처럼 고생하는 분들에게 풀어버리는 사람도 있었다. 이런 지원자는 인성에 문제가 있다고 생각될 수밖에 없다. 물론 그런 지원자들의 면접 점수는 대부분 낮았다. 취업의 압박과 스트레스를 애먼 사람들에게 풀지 말고, 운동이나 친구들과의 만남으로 건전하게 해소하자.

4. 지원한 회사 주변에서 과도한 애정 행각을 하는 유형

면접이 끝나고 옳다구나 하고 면접장 주변에서 데이트하는 지원자도 꽤 봤다. 연애 자체가 나쁘다는 것은 당연히 아니다. 젊은 남녀가 만나는 것이 무슨 흠이 되겠는가. 하지만 면접장 주변에서는 조금 참아보자. 특히 과도한 애정 행각을 보이는 지원자도 아주 가끔 볼 수 있었는데, 소문은 쉽게 퍼진다. 내가 누군지 모를 것 같지만 기억하는 사람이 있기 마련이다. 하루만 참아보자.

오래가는
스터디 멤버 구성하기

　취업준비에서 가장 필수적인 것이 스터디다. 처지가 같은 취업준비생들이 만나 서로 정보를 교환하고 함께 고충을 나눈다. 취업이라는 고된 길을 가며 서로 쓰러지지 않게 해주는 큰 힘이 되기도 한다.

　하지만 취업준비생은 스터디의 세계에서도 참 서럽다. 각종 전형에서 떨어지는 것도 서러운데 스터디에서도 족족 탈락하니 말이다. 소문난 에이스들로 구성된 스터디에서는 무시당하기 일쑤고, 새로 생긴 스터디에 손길을 뻗어도 자리가 없기 십상이다. 나도 마찬가지였다. 결국, 초보 취업준비생에게 선택지는 하나밖에 없었다. 스터디를 직접 만드는 수밖에.

　나는 운이 좋게도 처음 만든 스터디에서 끝까지 함께한 동료를 만났다. J와 내가 긴 백수의 터널을 통과해 끝까지 함께할 수 있었던 가장 큰 이유는 우리가 처한 상황이 너무나도 비슷했기 때문이다. 둘 다 대기업에 다니다 꿈을 위해 퇴사했으며, 꿈이 아니면 안 된다는 절실함의 온도가 비슷했다. 졸업후 꿈과는 전혀 다른 분야에서 경력을 쌓고 있었던 것도, 심지어 전공, 낮은 학점, 퇴직 후의 공백, 학번도 같았다.

스터디를 꾸려나가다 보면 여러 가지 연유로 스터디 원들이 자주 바뀐다. 멤버들이 각자의 사정으로 떠나고 충원되고를 반복한다. 그러다 보면 스터디는 어느새 초심을 잃은 채사라져버리고 결국 시간만 낭비했다는 것을 깨닫는다.

이유는 명확하다. 각자가 처한 상황과 우선순위가 다르기때문이다. 올해가 마지막이라 생각하고 임하는 사람과 이제막 도전을 시작하는 사람이 만난다면? 서류 통과에는 도가 터서 면접만 준비하면 되는 사람과 서류 통과부터 버거운 사람이 스터디를 한다면? 불협화음이 날 수밖에 없다.

하지만 나와 상황이 비슷한 사람을 만나면 끝까지 함께할수 있다. 그런 동료가 한 명만 있으면 계속 나아갈 수 있다. 실제로 나와 J가 그랬다. 다른 멤버가 셀 수 없이 바뀌는 동안 우리 둘만은 끝까지 버티며 스터디를 이어갔다. 멤버를 구하지못해 둘만 하던 시기도 있었지만, 끝까지 멈추지 않았다. 우리

는 서로 응원하고 경쟁하면서 성장했고, 결국 마음속 깊은 곳
에 간직한 꿈을 이룰 수 있었다.

오래가는 스터디 멤버 구성하기!

"나와 상황이 비슷한 사람을 찾아보자. 열정의 온도, 처해 있는
상황, 가지고 있는 스펙 등 공통점은 많으면 많을수록 좋다.
전통 있는 스터디, 에이스들로 구성된 스터디 필요 없다.
끝까지 함께할 동료 한 명이면 열 멤버 안 부럽다."

인생에서 바람직하다고 여겨지는 다섯 가지 복을 오복이
라 한다. 뜬금없이 오복을 거론하는 이유는 취업에도 오복이
있기 때문이다. 채용이 활발한 호황기에 취업전선에 뛰어드
는 것, 여러 회사의 전형 일정이 겹치지 않는 것, 나와 코드가
맞는 면접위원을 만나는 것, 내가 자신 있는 분야가 출제되는
것. 그리고 마지막이 바로 끝까지 함께할 동료를 얻는 것이다.

앞선 네 가지는 바꾸고 싶어도 바꿀 수 없는 일들이다. 그
저 운명으로 받아들일 수밖에 없다. 하지만 마지막 한 가지는
내가 선택할 수 있고, 내가 만들어낼 수 있다.

오래가는 스터디를 위한 깨알팁

1. 늦는 사람은 항상 늦고, 일찍 오는 사람은 늘 일찍 온다

인생을 조금만 살아보면 알 수 있는 불변의 진리가 있다. 늦는 사람은 항상 늦고, 일찍 오는 사람은 늘 일찍 온다. 늘 늦는 사람과 늘 일찍 오는 사람이 만나면 스터디는 망가진다. 늘 15분 늦는 사람과 늘 15분 일찍 오는 사람이 만나면 30분이라는 시간이 날아간다. 잘잘못을 가릴 필요도 없고 탓할 필요도 없다. 사람의 습관은 한순간에 바뀌는 성질의 것이 아니다. 멤버 구성이 잘못된 것이니 빨리 각자의 길을 떠나자. 시간의 흐름, 시간 감수성이 나와 비슷한 사람을 만나자.

2. 고기 굽는 사람은 늘 굽기만 하고, 먹는 사람은 늘 먹기만 한다

연인이나 부부 사이에서는 괜찮다. 하지만 스터디의 조합으로는 꽝이다. 각자 나눠서 맡은 분야를 성실히 해내야 하는데, 스터디를 우선순위에서 후순위로 빼놓고 남들이 고생해서 준비한 내용을 받아만 먹는 스터디원이 있다. 꽤 많다. 역시 하루빨리 각자의 길로 떠나야 하는 케이스다.

3. 비슷한 점은 많을수록 좋다. 주머니 사정이 비슷하면 더 좋다

나와 J가 쭉 함께할 수 있었던 이유 중 경제적 상황이 비슷한 것도 컸다. 둘 다 이미 한 차례 취업에 성공해 경제 활동을 시작했던 터라, 부모님께 단 한 푼도 지원받지 않겠다는 선언을 하고 퇴사했다. 우리의 끼니는 2007년 당시 한 줄에 천 원 하던 김밥천국이 대부분이었고,

스터디 장소는 언제나 출신 대학의 빈 강의실이었다.

주머니 사정이 넉넉한 사람들도 있고 그렇지 않은 사람들도 있다. 각자의 눈높이가 다르기 때문에 상처받을 수 있고, 장소 선정 등에도 마찰이 생길 수 있다. 경제적 감수성은 비슷할수록 좋다. 또 뭐든지 비슷한 점이 많으면 많을수록 좋다.

백수가 돈 벌며
취업준비하기

취업준비생을 옥죄는 가장 큰 요소 중 하나가 경제적 어려움이다. 하루 세 끼 식사는 물론이고 이동에 드는 비용, 학원비, 교재비 등 돈 들어갈 곳은 수두룩한데 주머니 사정은 가볍기 짝이 없다. 다 큰 자식이 부모님께 손 벌리는 데도 한계가 있다. 취업준비 기간이 길어지면 길어질수록 더욱더 어려워진다.

주변과도 비교하지 않을 수 없다. 넉넉한 사정의 다른 취업준비생들을 보면 자신감이 떨어진다. 왠지 내가 경제적으로 여유가 없어서, 필요한 걸 못 사서, 학원 등록을 못 해서 잘 안되는 것 같은 착각도 든다. 동료들과 교류하면서 정보도 얻어야 하고, 취업으로 쌓인 스트레스를 운동이나 연애, 여행 같은 것으로 풀어야 하는데 돈이 없으면 언감생심이다.

결국, 스스로 돌파구를 찾아야 하는데 돈을 벌다 보면 체력에 부쳐 취업준비에 소홀하게 되고, 그만큼 공부할 시간도 모자라진다. 돈만 좇으면 정작 중요한 취업준비에 힘을 쏟지 못하고, 반대로 돈을 벌지 않으면 숱한 어려움이 기다리고 있다.

나는 두 번의 무적상태를 2년 동안 경험했다. 무적, 말 그대로 적이 없었다. 학생도 아니고 직장인도 아닌 그냥 백수였다. 두 번의 백수 기간에 각각 군 장교 복무 후 퇴직금, 전 직장 퇴직금이 손에 있었지만 순식간에 사라졌다. 고스란히 학원비와 교재비 같은 취업준비 기초 자금으로 들어갔다. 결국 생활비가 없으니 돈을 벌며 취업준비를 해야 했는데 말이 쉽지 실제 그 상황에 부닥치면 여간 어려운 것이 아니었다.

그래도 어쩌겠는가. 묘수를 찾아내는 수밖에 없다. 나는 백수 기간에 두 가지 방법으로 경제적 어려움을 이겨냈다.

먼저 취했던 방법은 공부하며 돈 벌기였다. 지금은 거의 사라진 독서실 총무 아르바이트였다. 월요일부터 토요일까지 하루 6시간씩 근무하며 월 25만 원을 받았다. 독서실 총무의 최고 장점은 할 일이 많지 않고 자리만 지키면 된다는 것, 최고 단점은 보수가 너무 적다는 것이었다. 하지만 쥐꼬리만 한 돈 몇 푼이라도 받을 수 있고, 마음껏 공부도 할 수 있었기에 백수에겐 최적의 아르바이트였다. 덤으로, 적어도 돈을 까먹기만 하는 것이 아니라는 마음의 안도감도 얻을 수 있었다.

또 다른 하나는 경력 쌓으며 돈 벌기, 인터넷 방송국 메이저리그 중계 아르바이트였다. 방송 경력이라는 소중한 경험을 쌓을 수 있었기에 독서실 총무는 과감히 그만두었다. 물론 돈도 조금 벌었지만, 이때는 공부보다 경험을 더 중시했다. 동시에 시민 논객 아르바이트도 했다. 내가 지원할 방송국 최고의 토론 프로그램에 참여하는 경력을 쌓으면서도 회당 6~7만 원의 짭짤한 수익도 안겨주었다.

두 가지 방법은 취업 성공에 큰 디딤돌이 됐다. 머릿속을 채우고, 관련 경력을 쌓았다. 덤으로 돈도 조금씩 벌었다.

돈이 필요할 때는 그저 막막하다. 백수에게 목표와 맞아떨어지는 돈벌이 같은 건 없을 것만 같다. 하지만 어려울 때일수록 묘수를 찾아보자. 여기저기 죽어라 발품 팔다 보면 기막힌 일들을 찾을 수 있을 것이다.

백수가 돈 벌면서 취업준비 하려면?
"죽어라 찾아보는 수밖에 없다. 다만, 돈만 버는 일은 피하자.
죽어라 찾아보자. 돈도 벌고 공부도 할 수 있는 일을.
돈도 벌고 경력도 쌓을 수 있는 일을."

가벼운 주머니의 체감 정도는 백수 연차에 따라 달라진다. 취업 초기엔 돈이 크게 중요하지 않을 수 있다. 백수 1-2년 차엔 학생 시절의 연장선으로 느껴지기에 자괴감도 비교적 덜하다. 취업준비에 필요한 것들을 대부분 갖추고 있을 가능성이 높다. 이 시기엔 경제 활동은 과감히 포기하고 취업에 올인하는 것도 괜찮다.

반대로 취업준비가 길어져 무적 상태가 연장되고 있다면 돈이 절실한 시기가 오게 된다. 백수 5년 차에 접어드는데 무작정 앉아서 공부만 할 수 없지 않은가. 시간도 흘러 학창 시절 보던 취업 자료나 취업 강의도 트렌드가 지났을 것이다. 경제 활동을 하며 나아가는 것이 득이 될 수 있다.

백수 연차에 더불어 가장 중요한 것은 내게 지금 부족한 부분을 고려하는 것이다. 책상머리에 앉아서 머릿속을 채우는 것이 필요한 시기인지, 실제 일을 해보는 것이 필요한지를 냉철하게 판단해야 한다. 혹은 지금 당장 돈은 필요 없고 오로지 취업준비에만 몰두하는 것이 맞을 수도 있다.

물론 많은 지원자가 선택 따위 할 수 없는 지경까지 와 있을 것이다. 그래도 꼭 잊지 않아야 하는 건 내가 향하고 있는 목표에 조금이라도 도움이 되는 돈벌이를 찾아야 한다는 것이다. 혹은 내 목표와 관련이 없더라도 그 안에서 의미를 찾아내야 한다. 은행 취업이 목표인 사람이 커피 전문점 아르바이트를 하게 된다면 고객을 응대하는 방법을 익히는 시간으로 의미를 부여하고, 경영 분야가 목표인 사람이 고깃집 아르바이트를 한다면 음식점의 시스템, 마케팅, 이익 창출 방법 따위를 어깨너머로 배워야 한다.

그 무엇을 하더라도, 경제 활동을 하며 취업준비를 한다면 잊지 말아야 한다. 이력서에 단 한 줄이라도 내 목표와 관련된 것을 써넣을 수 있는 경제 활동을 해야 한다는 것. 면접장에서 한마디라도 떠들 수 있는, 직무 관련 의미를 찾을 수 있는 경제 활동을 해야 한다. 그리고 마지막 하나. 배보다 배꼽이 더 커서 돈 벌다 내 꿈을 잊어버려서는 안 된다.

면접 복장에 대한 끊임없는 이야기

어떤 면접이든 의상에 대한 고민은 쉽사리 거두기 힘들다. 뭘 골라도 100% 완벽한 복장은 없는 게 사실이다. 보수적으로 접근해 정형화된 옷을 입으면 내 개성이 사라지는 것 같고, 그렇다고 조금 멋을 부리면 괜히 눈 밖에 나지 않을까 걱정이 된다. 애매한 의상은 스스로 납득이 되질 않는다. 나 역시 취업준비생 시절에는 면접 하루 전까지도 무엇이 좋을지 몰라 고민하다 부랴부랴 옷을 사러 나간 기억이 있다.

MBC 아나운서국에는 전설적인 존재가 한 명 있다. 대학 재학생 신분으로 1차부터 5차까지의 시험을 한 번에 통과해 합격을 거머쥔 J 아나운서. 그는 당시 아나운서 국장이던 손석희 아나운서의 마음을 사로잡으며 '언론고시'라 불리는 시험을 일사천리로 통과했다.

당시 화제를 모았던 것은 그의 의상이다. 그는 '설마 내가 되겠어?', '시험 삼아 면접이나 한번 보자'라는 심정으로 면접에 임했고, 친형의 허름한 양복을 빌려 입고 면접장으로 향했다. 당시 국장이던 손석희 아나운서는 딱 봐도 어려 보이는 친구가 누군가에게 얻어 입은 것처럼 보이는 큼지막한 정장을 걸치고 또랑또랑한 눈빛으로 시험장에 앉아 있는 모습에 저절로 눈길이 갔다 했다. 그리고 그는 의상 속에 숨겨진 탄탄하고 따스한 내면을 드러내며 면접관들을 사로잡았다.

물론 맞지 않는 옷으로 어떤 이미지가 자연스럽게 연출됐을 수 있다. 수더분하고 꾸밈없으며 자연스럽고 선한 이미지. 하지만 그 이미지 속 사람의 인성과 실력이 뛰어나지 않았다면? 아마 J 아나운서는 지금의 자리에 없을 것이다. 아무리 값비싼 옷이라 하더라도 실체가 없는 사람을 빛나게 할 수 없고, 아무리 허름한 옷이라 하더라도 사람이 가지고 있는 내면의 가치를 숨길 수 없다.

면접 복장에 대한 결론!

"지금껏 천 명도 넘는 지원자를 심사한 결과를 떠올려 보면 서류전형의 사진으로든, 혹은 면접전형이든, 동영상전형이든 의상 때문에 점수를 더 주거나 깎은 사례는 단 한 차례도 없었다."

의상 자체는 면접관에게 '잘 보이지 않는 것'이라 생각하면 된다. 플러스적 요인은 전혀 없다. 하지만 마이너스 요인은 있을 수 있다. 마이너스 요인도 너무 튀거나 과한 의상일 경우에만 적용될 뿐이다. 또 마이너스라 해서 눈살이 조금 찌푸려지는 정도이지 채점에 반영하는 경우는 없었다.

결론은 의상에 너무 많은 신경을 쏟지 말자는 것.

누구든 완벽하게 맞아떨어지는 옷을 갖고 싶지 않을까. 하지만 그런 의상은 어차피 흔치 않다. 취업준비생들의 주머니 사정을 생각해봐도, 옷에 쏟는 아까운 시간을 따져봐도, 취업 준비한다고 다 큰 자식이 부모에게 손 벌려야 하는 미안한 감정을 떠올려봐도 의상에 너무 과한 신경을 쏟는 것은 불필요한 행위다.

너무 파격적이거나 심하게 어둡지만 않으면 된다. 과하지만 않으면 의상은 면접에 그 어떠한 영향도 끼치지 않는다. 내가 가지고 있는 옷 중에 베스트 의상 한 벌만 잘 준비해놓고, 의상에 쏟는 시간을 다른 곳, 내면을 다듬고 실력을 키우는 일에 할애하자.

앞서 잠시 언급한 손석희 아나운서의 이야기로 의상에 대한 종지부를 찍어보려 한다. 내가 MBC에 입사했던 당시 그는 매일 아침 7시에 〈손석희의 시선집중〉을 진행하고 있었다. 그는 겨울철이면 매일같이 정강이까지 내려오는 검은색 롱패딩을 입고 출근했다. 교복처럼 매일 입고 다니는 옷이었는데 나는 그게 몽클레르처럼 값비싼 옷인 줄 알았다. 그 정도 되는 사람이라면 분명 그에 걸맞은 옷을 걸치고 있을 거로 생각했고, 당연히 명품일 것이라 생각했다.

하지만 그건 나의 큰 착각이었다. 손석희 아나운서가 매일 입고 출근하던 그 옷은 노동절에 노동조합에서 배포한 10년도 더 된 패딩이었다. 시간이 제법 흘러 이제 다른 조합원들은 거의 입지 않는 옷, 어딘가에 처박혀 있을 그런 허름한 옷이었다.

옷은 사람을 명품으로 만들 수 없다.
하지만 사람은 옷을 명품으로 만들 수 있다.

지금까지 의상은 아무 영향도 미치지 못한다고 늘어놓았지만, 예외의 경우가 있다. 스스로 아무리 돌아봐도 자신감 하락의 원인이 의상밖에 없다고 확신하는 경우다. 다른 노력을 죽어라 해도 의상에 대한의심을 거두기 힘들다. 원인을 아무리 찾아도 결국 의상 때문인 것 같다. 이럴 때는 어쩔 수 없다. 아래의 세 가지를 참고해 준비해보자.

1. 베스트 의상 한 벌을 준비해두자

계절과 상관없이 나에게 가장 잘 맞는 옷 한 벌을 준비해두면 그것으로 끝이다. 그 옷으로 여러 회사의 면접을 다니면 된다. 혹여 같은 회사의 다른 전형에 같은 복장을 하고 간다 해도 아무런 문제가 되지 않는다. 면접관은 전형 과정마다 바뀐다. 설사 같은 면접관이 한 번 더들어온다 해도 수많은 지원자의 의상을 일일이 기억할 수 없다. 또 기억한다 해도, 지원자가 한번 입은 의상을 또 입는다고 문제시할 면접관은 없다.

베스트 의상 한 벌을 준비해두면 옷에 대한 고민과 걱정이 사라진다. 그만큼 시간도 생긴다. 처음 그 의상이 준비되기까지는 적당한 시간을 쏟는 것도 좋다. 이왕이면 잘 맞아떨어지는 의상을 입으면 자신감도 생기고 더는 신경 쓰지 않아도 되니 좋다.

2. 비싼 의상은 필요 없다

면접위원에게는 가격표가 보이지 않는다. 인스타그램이나 페이스북처럼 옷에 태그가 달려 쇼핑 페이지로 넘어갈 수도 없다. 주머니 사정은 생각지도 않고 무리해서 비싼 옷을 살 필요가 없는 것이다. 지금 내 상황에 맞는 옷이 가장 적절한 의상이다. 애써 의심하지 말자.

3. 의상대여 업체를 활용하는 것도 좋은 방법이다

몇 년 전 한 통의 메일을 받았다. 취업준비생들에게 무료로 면접 의상을 대여해주는 업체였는데 내가 예전에 기증한 정장에 대한 감사 회신을 보내온 것이었다. 그리고 그 메일에는 그 업체를 통해 의상을 빌려 입고 합격했다는 한 취업준비생의 후기가 담겨 있었다.

지자체나 특정 단체에서 취업준비생들을 위해 면접 의상 무료 대여 서비스를 운영하기도 한다. 비용을 지불해야 하는 곳도 있지만 사는 것보다 부담이 덜하다. 적극적으로 활용해보자.

면접 일정이 겹칠 때의 대처 방법

취업준비생에게는 한 번의 면접 기회가 정말 소중하다. 수십 군데 서류를 넣어 면접 보러 오라 하는 회사가 한두 곳이라도 있으면 감지덕지다. 서류 백전백패, 단 한 곳에서도 오라는 통보를 받지 못할 때도 있다.

이런 암울한 취업 현실에서 하필이면 면접 일정이 겹치는 순간이 꼭 오게 마련이다. 그런 일은 제발 좀 일어나지 않았으면 좋겠지만 꼭 한 번씩 생긴다. 모든 면접 기회가 소중한데, 용기가 없어 한 곳을 포기할 때가 있다.

취업준비생 시절 나도 그런 날이 있었다. 십 년이라는 시간이 훌쩍 지났지만, 그날은 잊을 수 없다. KBS 1차 카메라 테스트, OBS(경인방송)의 4차 합숙면접, 전주 MBC 최종면접이 하루에 겹친 날이었다. 장소는 각각 여의도, 인천, 전주로 달랐다. 몸이 세 개가 아닌 이상 하루에 세 장소를 모두 가는 것은 불가능한 일이라 판단했다. 결국 나는 단 한 곳, OBS 합숙면 접에 가기로 했고 나머지 두 곳의 면접 기회를 날려야 했다. 그리고 OBS마저 결국 탈락의 고배를 마셨다.

만약 그 순간으로 다시 돌아갈 수 있다면 나는 주저하지 않고 다른 선택을 할 것 같다.

KBS 1차 카메라 테스트는 약 2천 명의 지원자를 상대로 아침부터 늦은 오후까지 전형이 진행됐다. 전주 MBC 같은 경우는 아침에 면접이 잡혀 있었다. 내가 조금만 더 영민하고 용기가 있었더라면 KBS 인사부에 전화해 카메라 테스트 시간을 마지막으로 바꿀 수 있느냐고 한번 시도라도 해봤을 것이다. 지금 판단해보면 단 하나만 고를 수 있는 상황이 아니었다. 나는 세 가지 시험의 무게를 엇비슷하게 판단하고 있었기에, 무엇이든 두 번 이상의 면접 기회를 취할 수 있다면 취해야 했다. '전주에서 아침에 시험을 보고 어떻게든 올라와 오후 늦게 여의도에서 시험을 봤다면 어땠을까'하는 생각이 줄곧 남아 있었다.

사실 취업준비생에게는 쉽지 않은 일이다. 회사의 인사팀에 전화한다는 행위 자체가 상당한 용기가 필요한 일이고, 개인 사정으로 면접 시간을 바꾸는 것이 혹시나 마이너스가 되지 않을까 하는 생각은 당연히 들 수밖에 없다.

하지만 '기회'라는 두 글자를 생각해보면 용기를 반드시 내야 한다. 한 번 주어진 기회는 언제 다시 찾아올지 기약이 없기 때문이다. 수단과 방법을 가리지 말고 꼭 잡아야 한다.

면접 일정이 겹칠 때의 대처 방법!
"주저하지 말고 인사팀에 전화하라.
그리고 일정을 바꿀 수 있다면 바꿔서 기회를 잡아라."

채용담당자 시절 공채 시즌에 면접 시간 변경을 요구하는 지원자들의 전화를 종종 받았다. 그들의 전화를 받을 때마다 드는 생각은 '어쭈? 이것 봐라. 감히 지원자 주제에 시간을 바꿔달라고 해?'라는 생각이 결코 아니었다.

담당자로서의 솔직한 심정, 가장 맨 위에 자리 잡은 생각은 '바꿀 수 있다면 최대한 일찍 바꿔서 전형 전체에 어긋남이 없도록 해야겠다'라는 것이었다.

물론 지원자가 너무 솔직하게 다른 회사와 면접 시간이 겹쳐서 바꿔야 한다고 하면 조금은 괘씸하다는 생각이 든 것도 사실이다. 하지만 그런 감정은 금세 잊힌다. 면접관과 지원자들을 융통성 있게 잘 조정해 회사의 일정이 차질 없이 진행되게 하는 것이 채용담당자가 존재하는 이유다. 한번 일정을 바꿔 조율된 이후에는 다른 지원자와 똑같아진다. 면접 시간을 바꿨다고 점수를 깎는다는 이야기는 본 적도 들은 적도 없다. 지원자에게도, 채용담당자에게도, 면접관에게도 그 일은 원래 없었던 일이 된다.

이후에는 역시 모든 면접을 지배하는 룰, '사람만 괜찮으면 된다'가 적용된다. 면접관 시절을 돌이켜 생각해봐도 눈앞에 있는 사람이 괜찮다는 판단이 들면 면접 시간 변경 정도는 기억도 나지 않았다. 심지어 지각한 지원자에게도 이 룰은 통한다. 물론 지각은 사람에 따라 심히 안 좋게 보는 면접관도 있고, 실제 점수에 반영하는 면접관도 더러 있다.

아주 작은 용기를 한번 내보자. 천금 같은 기회는 지원자 스스로 챙겨야 한다. 냉혹한 취업 시장에서는 누가 결코 떠먹여 주지 않으니까.

면접 일정 바꾸기 깨알팁

1. 면접 일정이 발표된 후 즉시 전화하라

선거를 생각해보자. 특정 일시 이전에 후보 단일화가 이루어지면 투표용지에 두 후보가 아닌 한 후보의 이름만 인쇄된다. 일정에 맞추지 못하고 단일화가 이루어지면 단일화가 이루어졌음에도 불구하고 투표용지에 두 후보의 이름이 모두 인쇄되고, 한 표 한 표가 중요한 선거에 큰 영향을 미친다. 채용담당자가 면접 지원자 리스트를 완성하기 전에 마치 원래 그랬다는 듯 바뀐 순번으로 이름을 올리는 것이다. 그러기 위해서는 최대한 빨리 연락하는 것이 좋다. 늦으면 늦을수록 채용담당자는 곤란해지며 지원자가 기회를 잃을 확률도 높아진다.

2. '부득이한 사정'이 필요한 순간은 바로 이때다

대놓고 다른 회사와 면접이 겹친다고 말하면 후순위로 밀린 회사의 담당자 기분이 좋을 리 없다. 어떤 담당자가 유쾌하게 받아들이겠는가. 채용담당자에게 뭔가 기분 나쁠 거리 자체를 주지 말자. 이럴 땐 어쩔 수 없다. '부득이한 사정'이라는 표현을 잘 활용해 정중히 둘러대자.

3. 안 되는 회사도 있다. 그건 어쩔 수 없는 일이다

용기를 내 일정 변경 문의를 해도 회사 지침 혹은 회사의 일정상 절대 안 된다고 하는 곳이 있다. 어쩔 수 없는 일이다. 이런 곳은 나와 인연이 없는 곳이다. 미련을 버리고 과감히 포기하는 것이 여러모로 좋다.

사소함을
공략하자

'내 그대를 생각함은 항상 그대가 앉아 있는 배경에서 해가 지고 바람이 부는 일처럼 사소한 일일 것이나 언젠가 그대가 한없이 괴로움 속을 헤매일 때에 오랫동안 전해오던 그 사소함으로 그대를 불러보리라.'
-황동규 시인의 〈즐거운 편지〉 중에서-

사소함의 위력은 대단하다. 우리는 아주 짧은 문장, 심지어 단어 하나로도 사소한 관심을 표현할 수 있다. 나의 작은 부분을 알아주는 사람이 있을 때 우리가 얼마나 기쁜지, 그 사람에게 얼마나 감사하는지 한번 생각해보자. 같은 말이라도 나에 대한 관심의 차이를 손쉽게 알 수 있다.

아나운서로 살고 있지만, 낯을 심하게 가리는 나 같은 성격도 나에 대한 사소한 관심으로 다가오는 분들께는 순간 무장

해제가 된다.

"안녕하세요. 처음 뵙겠습니다. 저도 5살짜리 아이가 하나 있어요. 육아하느라 힘드시다면서요? 사실 지난번에 출간하셨을 때 인터뷰 기사를 봤어요(웃음)."

"안녕하세요. 지난주에는 라디오 진행 왜 안 하셨어요? 어디 다녀오셨어요? 제가 그 라디오 팬입니다. 매주 듣지는 못해도 챙겨 들으려 노력하거든요(웃음)."

내 사소한 면을 알아주며 인사를 건네는 사람들에게는 저절로 호감이 간다. 감사한 마음도 생기고 업무적으로 한 번만 딱 보고 말 사이여도 최선을 다하게 된다. 내가 받은 만큼 나도 하나라도 더 챙겨주고 싶어진다.

자기소개서 작성도 마찬가지다. 면접에서도 마찬가지다. 중간중간 사소함을 끼워 넣는 것과 아닌 것은 차이가 크다.

MBC 농구팀이 산업은행 농구팀과 함께 운동하고 뒤풀이를 하는 자리가 있었다. 그중 당시 산업은행 신입사원도 회식에 참여했는데 산업은행 선배들은 줄곧 그 신입사원을 소개하며 각종 비화를 쏟아냈다.

"이 친구 아주 치밀합니다. 우리 회사가 농구를 좋아하는 걸 어찌 알고 입사하면 가장 먼저 선배들과 함께 농구 하고 싶다고 말하지 뭡니까. 사실 키 큰 거 말고는 특별히 관심 가는 부분이 없었는데 그 한마디에 관심이 생기더라고요. 너 아주 전략적이었지? 그치?"

"아니 우리 회사 지하에 농구 코트가 있는 건 또 어떻게 알았어? 엿보기라도 했나?"

"너 최종 면접위원 들어갔던 분이 우리 동호회 출신이야. 그건 몰랐지?"

그 신입사원의 대답은 의외로 단순했다. 그냥 한번 와보고 싶어서 면접 전에 사옥을 둘러보러 왔다는 것. 출입 절차가 까다로워 구석구석 가보지는 못했지만 전반적인 분위기는 충분히 느껴졌다 했다. 당연히 면접위원이 누군지는 몰랐고 농구를 좋아하는 건 진짜라고.

사소함을 공략하는 가장 쉬운 방법!
"내가 가고 싶은 회사가 있다면?
반드시 꿈의 장소에 미리 한번 가보자."

내가 지원할 꿈의 장소에 가보자. 그 회사의 직원이 됐다고 생각하고 똑같이 해보는 거다. 출근 시간 9시에 맞춰 지하철 혹은 버스를 타고 그 시간의 공기를 느껴보자. 역에서 내려 사옥까지 향하는 출근길의 분위기를 마셔보자. 도착 후 회사로 들어가는 사람들의 발걸음이나 표정들을 잘 관찰하자. 안 되면 말고 식으로 출입 신청도 한번 해보자. 사옥 1층의 커피숍, 구내식당, 사옥 지하의 운동 시설 혹은 주변 지하철역, 버스 정류장, 맛집까지 한번 탐방해보면 말할 거리가 마구마구 떨어진다. 딱 한 번만으로도 충분하다.

"A사에 너무 들어오고 싶어 무작정 출근 흉내를 내본 적이 있었습니다. 제일 악명 높은 지옥철을 타느라 힘드시겠지만 저는 입사만 하면 하나도 안 힘들 것 같습니다."

"사실 회사 구내식당이 정말 유명해서 꼭 한번 와보고 싶었습니다. 출입 신청을 해봤지만, 당연히 거부당했습니다. 닭볶음탕이 제일 유명하던데 꼭 먹어보고 싶습니다."

이런 양념은 면접위원의 의구심을 거둘 수 있다. 면접위원은 앞에 있는 지원자에게 늘 의심을 품는다. 지원자들 대부분이 입사만 시켜주면 충성을 다 바치겠다는 식으로 이야기하기 때문이다. 당연히 지원자의 대답에 '우리 앞이니 이렇게 말하지'라는 생각을 할 수밖에 없다. 하지만 사옥에 와보고, 주변을 거닐어보며 한참 관찰한 이야기, 느낀 감정들을 표현하면 그런 의심의 눈초리를 조금 거둘 수 있다. 이 사람은 '찐'이네? 라고 생각될 수 있다.

지원동기를 묻는 상황이라면 준비한 말 맨 끝에 한마디를 더하는 식이다.

"저는 늘 보라색 사원증이 탐났습니다. 점심시간 풍경을 엿보러 왔을 때 보니 보라색 사원증을 맨 선배님들의 얼굴에서 자부심이 느껴지더라고요. 저도 꼭 느껴보고 싶습니다."

입사 후 포부도 마찬가지다. 마지막에 설레는 마음을 담아 한마디 투척한다.

"아! 그리고 회사 바로 앞 A 맛집에도 꼭 가보고 싶습니다. 사옥 보러 온 김에 바깥에서만 구경해봤는데 꼬르륵 소리가 나서 혼났습니다."

물론 이런 사소함은 메인이 될 수는 없다. 길게 말해선 안 된다. 대답을 위한 경험으로 여겨질 수 있다. 지나가는 듯, 무심하게 던지는 것이 중요하다. 자기소개서나 면접 중간중간

한 문장 정도로 기름칠을 해주는 게 가장 좋다. 서두를 여는 말 혹은 맺는말로 적당한 타이밍에 끼워 넣으면 관심도 많고 위트도 넘치는 지원자가 될 수 있다. 면접관의 마음도 움직일 수 있다.

라떼 문화
공략하기

　최근 몇 년 사이 "라떼는 말이야~"로 시작되는 직장 상사의 무용담은 나왔다 하면 희화화되기 일쑤다. 고참 사원들은 끊임없이 자신의 말과 행동이 꼰대스러웠는지 아닌지 되돌아본다. 젊은 사원들은 상사가 조금만 구식 사고방식을 보여도 꼰대라고 비난하며 뒷담화한다.

　소위 라떼 세대와 MZ 세대 간의 세대 차이가 요즘처럼 많이 나는 시대가 있었나 싶다. 이전 30년보다 최근 3년 동안 더 많은 변화가 일어난 것 같은 생각이 들 정도로 변화의 체감속도가 빠르다. 시대의 변화가 급격한 측면이 없진 않지만 올바른 방향으로 바뀌고 있다는 것은 부정할 수 없는 사실이다.

　이미 라떼 그 자체인 사람들과 라떼 세대로 진입하고 있는 많은 이들이 굉장히 혼란스러워한다. 과거에 봐온 대로 행동하는 자신의 방식이 지금 시대와 맞지 않음을 인정해야 하고, 늦은 나이에 굳이 변화를 꾀해야 하니 말이다. 굉장히 번거롭고 품이 많이 드는 일인 것이 사실이다. 그래서 아예 입을 닫고 아무 행동도 취하지 않는 라떼들도 생겨났다. 과거에 했던 대로 말하고 행동하는 것뿐인데 뒤에서 수군거리는 경우가 생기기 때문이다.

이런 상황 속에서 라떼 세대들은 외로움을 많이 느낀다. 그들이 공통으로 하는 말이 이거다. 그래도 조금 이해해주려 노력하는 후배들이 예뻐 보인다는 것. 창피함을 느낄 정도로 후배들에게 지적받거나 거절만 받다 보면 아무래도 라떼 문화에 조금 맞춰주는 후배들에게 자연스레 애정이 가는 건 어쩔 수 없다는 것이다.

이제 채용 이야기다. 아주 현실적이면서 거기에 더해 속물 같기도 하지만, 어쩔 수 없이 약자인 취업준비생을 위한 이야기이기도 하다.

채용 절차에서 대부분의 심사위원은 라떼 문화에 아주 익숙한 사람들이다. 심지어 마지막 결정권자는 라떼 문화의 최고봉에 있는 사람일 확률이 아주 높다. 채용은 회사의 미래를 결정짓는 핵심 요소다. 우수한 인적 자원 확보는 회사의 생존

과도 직결된다. 이런 중요한 일은 회사의 최고 요직들이 맡는다. 회사에서 인정받고 있는 사람, 오랜 기간 근무한 사람, 실적이 좋은 사람, 책임 있는 위치에 있는 사람이 대부분이다. 면접장은 라떼 문화의 한복판일 수밖에 없다.

그래도 깨어 있는 기업은 늘 변화를 강조한다. 매년 채용에서도 조금씩 새로운 사고방식을 도입하고 새로운 피를 수혈하고 싶어 한다. 하지만 회사는 상대적으로 경직된 조직이기 때문에 변화의 속도가 빠르지는 않다. 결국 지원자들은 어느 정도 라떼 문화를 이해해줘야 한다. 혹은 잘 이용해야 한다.

라떼 문화 이렇게 공략하기!
"라떼 문화에 대한 무조건적인 비판보다 합리적 비판이
필요하다. 라떼 문화에 대한 냉소적인 시선보다 따스하게
감싸주는 자세를 갖추자. 필요하다면 상당 부분 동조해주자.
아부가 아닌, 이해와 배려의 자세로 접근하자."

10년도 더 된 이야기다. A사 면접장에 다른 지원자와 함께 둘이 들어갔는데 이런 공통 질문을 받았다.
"두 분 여자친구 있나요? 퇴근 후 여자친구와 약속을 잡았

는데 선배가 갑자기 같이 회식 자리에 가자고 한다면 어떻게 하겠어요?"

내 옆의 지원자가 먼저 대답했다.

"네. 저는 여자친구를 데리고 회식에 꼭 참여하겠습니다."

그가 대답하는 동안 생각해본 나는 이렇게 답했다.

"음…. 처음 입사하면 이런 일이 꽤 자주 있을 거 같습니다. 저는 여자친구를 미리 설득해놓겠습니다. 신입일 때 회식 자리는 빠지면 안 될 거 같으니 갑작스러운 약속 펑크도 이해해달라고 말이죠."

결은 다르지만 결국 선배의 갑작스러운 회식 요구에 응하겠다는 취지의 답변이었다. 질문했던 면접관은 흡족한 듯 크게 웃어 보이며 '자네들, 참 마음에 드네'라고 말하는 듯한 표정을 지었다. 라떼 문화의 절정을 면접장에서 보이다니. 아마 십수 년 전이기에 가능했던 것 같다.

라떼 문화의 속성은 크게 세 가지다. 상명하복, 단체문화, 개인희생이다. 상명하복, 윗사람이 말하면 군말 없이 따라야 했다. 소위 '까라면 까지 말이 많아'로 대표되는 문화다. 단체문화, 단체로 뭘 하자고 하면 개인사가 있어도 포기해야 했다. 주말 등산이나 단체 회식이 대표적이다. 개인희생, 내가 조금

손해를 보더라도 조직에 도움이 된다면 선택의 여지가 없었다. 물론 이런 라떼 문화가 회사에 적당히 버무려지면 긍정적인 측면도 없지 않다. 하지만 적당한 라떼 문화를 본 사례가 없다. 그만큼 적당한 라떼 문화라는 건 쉬운 일이 아니다.

라떼 편에 잠시 서보면 요즘의 라떼들은 한결같이 외로움을 느낀다. 내가 10년, 20년도 넘게 믿어온 행동 양식이 무너졌기 때문이다. 지원자들은 그런 점을 파고들어 잠시 편을 들어주면 된다. 상명하복까지는 아니어도 상사의 말을 존중해줄 준비가 돼 있음을 내비치고, 단체 활동에 적극적 자세로 임한 경력들을 살포시 드러낸다. 결정적 순간엔 결국 나 자신을 위하겠지만 조직을 위해 개인의 희생도 어느 정도 감내할 줄 아는 사람임을 보여준다.

나 자신을 완전히 버리라는 말이 아니다. 라떼 문화에 어느 정도 호응하며 말하는 것은 겸손함도 보여주고 소통의 원활함도 보여줄 기회이기도 하다. 여러 가지로 플러스면 플러스지 마이너스가 되지 않는다.

변명이 아닌
납득 가능한 이유로 답하기

　면접위원 자리에 앉으면 수많은 지원자를 만나게 된다. 그 중 가장 답답한 지원자 중 하나가 변명만 늘어놓는 핑계형 지원자다. 지원자들은 대개 공격적인 질문을 받으면 빠져나가기 위한 변명을 늘어놓는다. 지원자도 사람인지라 자신의 약점을 파고드는 질문을 인정하고 싶어 하지 않는 것이다. 인정해버리면 왠지 자신을 깎아 먹는 기분도 든다.

　"학점이 굉장히 안 좋네요? 대학 때 놀러만 다녔나요?"
　"이렇다 할 경력이 없네요?"
　"지원한 업무는 전공과 관련이 없는데 업무에 잘 적응할 수 있을까요?"
　"전 직장은 1년도 못 다니고 그만뒀네요? 우리 회사에 와서 또 그러는 거 아닌가요?"

면접위원은 지원자와 처음 보는 사이다. 심지어 자신의 회사에 관심을 갖고 입사 지원까지 해준 고마운 지원자에게 굳이 압박을 줄 필요도 없다. 하지만 면접이기에 어렵고 까다로운 질문을 던진다. 결국, 공격적인 질문을 던지는 의도는 뻔하다.

가장 먼저 보는 것은 임기응변 능력이다. 압박감이 심한 상황에서 어떻게 대처하는지, 어려운 상황을 슬기롭게 극복하는지, 눈앞의 지원자가 조그만 압박에도 대처하지 못한다면 실제 업무에 쏟아지는 어려운 상황들을 잘 이겨낼 거로 생각하기는 힘들다.

또한 이성과 감성의 적절한 조화를 본다. 감정선을 건드리며 날아오는 질문에 침착하게 대응하는지, 감정에 치우쳐 기분 나쁜 티를 너무 낸다든지, 이성적으로 무미건조하게만 대답하는지 등을 보게 된다. 결국, 일이라는 건 이성과 감성이 조화를 이뤄내야 멋들어진 결과물이 나오기 때문이다.

마지막은 진짜 이유를 듣고 싶어서다. 앞에 앉아 있는 지원자가 학교를 졸업하기는 했는데 학점이 안 좋으니 뭘 했는지 당연히 궁금하다. 전 직장에서 일찌감치 퇴직한 이유가 무엇인지 면접위원은 궁금할 수밖에 없다.

면접장 압박을 극복하는 말하기 방법!

"변명조의 말을 늘어놓지 말자. 모든 일에는 이유가 있다.
납득 가능한 이유를 준비하고, 답하자."

대답은 항상 면접관의 지적과 비판을 겸허히 받아들이면서 시작하자. 내가 쓴 이력서에 나와 있는 표면적인 부분이 그렇게 보일 수 있음을 인정하자. 아무리 압박면접이라고 해도 인격 모독을 하거나 아무런 근거 없이 마구 공격하지는 않는다. 만약 그런 일이 면접장에서 벌어진다면 그런 회사에는 가지 않는 편이 낫다.

상대를 무시하면 상대는 재차 공격하거나 아예 무시해 관심 자체를 끊어버린다. 반대로 상대의 말을 인정하면 내게 기회가 주어진다. 일단 상대의 공격을 부드럽게 인정했다면 다음은 내가 공세를 펼 차례다. 내가 너의 지적은 다 받아들인다. 맞다. 하지만 나는 그럴만한 이유가 있었다, 라고 차분하게 설명해보자.

"네. 말씀하신 대로 저는 학점이 평균에도 미치지 못합니다. 사실 제가 학창 시절 관심을 둔 것은 따로 있었기 때문입니다. 전체적인 평균 학점은 좋지 않아도 제가 지원한 재무 관련 점수만큼은 모두 최고점을 받았습니다. 하나에 집중하고 선택해 공부를 해왔고 오히려 최근처럼 디테일한 전문성이 요구되는 시대에 더 도움이 될 거라고 생각합니다."

"네. 제가 이력서에 써넣을 이렇다 할 경력은 아직 없습니다. 하지만 저는 이력서의 한 줄에 넣는 것보다 실제적 경험을 더 중요시했습니다. 저는 여행을 많이 다녔습니다. 제가 해외 마케팅에 지원한 이유이기도 합니다. 저는 20개국 넘게 다녀본 경험으로 그들의 문화를 이해하는 능력이 남들보다 뛰어나다고 자신합니다. 그 능력을 살려 회사의 새로운 동력이 되고 싶습니다."

"네. 전 직장에 오래 다니지 못해 저도 참 아쉽습니다. 하지만 맞지 않는 분야에 들어섰을 때 과감히 포기하는 것도 능력이라고 생각합니다. 전 직장에서도 배울 점은 참 많았지만, 업무에 대한 접근방식이 저와 많이 다르다는 것을 깨닫게 되었습니다. 빠르게 다른 길로 들어서 제가 지원한 분야에서 최고가 되고 싶습니다."

아니라고 대답하며 시작하는 것은 감정에 치우친 대답이다. 어느 정도의 인정은 상대에 대한 배려이기도 하다. 물론

팩트와 전혀 다른 질문이라면 어느 정도 시정해가며 답을 해야 하지만 그런 경우는 많지 않다.

또한, 거짓으로 꾸며 답해선 안 된다. 거짓말은 계속된 거짓말을 부른다. 꼬리질문 몇 개가 더 들어오며 집요하게 파헤쳐지다 보면 결국 들통나기 십상이다. 아주 작은 것도 완전한 거짓을 답해서는 안 된다. 하지만 사실과 결과를 기반으로 한 어느 정도의 양념은 상황에 따라 유연한 언어구사 능력으로 받아들여질 수 있다.

남들이 납득할 만한 이유는 나도 납득할 수 있어야 한다. 내가 실제로 학교 다니면서 놀고먹기만 했는데 그렇지 않고 다른 무언가를 위해 노력했다고 말하다 보면 허점이 드러나게 된다. 내가 비판받고 지적받는 사실에 대해 내가 나를 먼저 납득시키려고 노력해보자. 그것이 출발점이 된다. 그리고 정리가 됐다면 그것을 면접장에서 꺼내면 된다.

chapter 4

취준생 멘탈 관리법

시험장
긴장 해소법

　면접이나 시험을 앞두고 지원자들은 긴장하지 않으려 애를 쓰게 된다. 긴장하면 큰일이라도 날 것처럼 걱정에 걱정을 거듭한다. 걱정 전문가가 되면 정작 가장 중요한 것을 놓치게 된다. 하나라도 더 보고 더 연습해야 하는 순간에 과도한 걱정으로 시간만 날리게 되는 경우도 허다하다.

　생각을 바꿔보자. 시험장에서의 긴장은 필요 없는 존재가 아니다. 찾아와서는 안 되는 감정 역시 아니다. 긴장은 당연하다. 물론, 타고난 기질상 긴장을 별로 하지 않는 사람도 있지만, 대부분의 사람에게 지극히 자연스럽게 나타나는 아주 평범한 일이다.

시험장에서 긴장될 땐 이렇게 생각하자!
"시험장에 있는 모든 사람은 긴장 상태다. 나만 긴장하는 게
아니다. 이 장소에서의 긴장은 당연한 것이다."

면접위원도 긴장한다. 자신의 선택이 얼마나 중요한지 알
기 때문이다. 회사에 미치는 영향도 크다. 혹여나 적절치 않은
질문을 던져 구설에 오를 수도 있다. 점수 배분을 잘못하면
스스로 공정하지 못한 사람이 될 수 있다. 고민에 고민이 거
듭되는 순간이다.

채용담당자 역시 마찬가지다. 채용담당자 시절의 나를 돌
이켜보면 1년 중 가장 긴장되는 날이 바로 면접 날이었다. 평
소보다 훨씬 일찍 출근하는 것은 기본이고, 면접이 있는 주
내내 확인에 확인을 거듭했다. 자연스레 걱정 로봇이 된다.
'면접 참석률이 저조하면 어떡하나.', '면접위원께 드릴 명단
이 잘못돼 있으면 어떡하지?', '지원자들 앞에 서서 말하다
실수하면 어떡하나.' 등 수많은 고민과 싸우고 있는 상태가
된다.

결국 면접장이란 곳은 긴장하는 사람들로 가득한 장소다.
같은 위치에 나란히 서 있는 지원자들뿐만 아니라 인사담당

자, 면접위원 모두가 초긴장 상태란 생각을 꼭 하자. 시험장이
라는 장소의 긴장감은 불필요하거나 피해야 할 대상이 아닌,
당연한 감정이란 것을 깨달을 수 있다. 그러면 조금은 편안해
진다.

사실 적당한 긴장은 필요하다. 아예 긴장감이 없으면 하지
않아도 될 실수를 하게 되지만, 적당한 긴장은 나를 어긋나
지 않게 잡아주기 때문이다. 오히려 없던 능력도 끄집어낼 수
있다.

과도한 긴장이 문제다. 머릿속이 하얗게 되면서 내가 차곡
차곡 준비했던 것들을 망가뜨리게 되니까. 여러 가지 자신만
의 방식으로 과도한 긴장을 털어내는 법을 꼭 익혀야 한다.

시험장의 긴장 컨트롤 꿀팁

1. 나만의 긴장 해소법을 만들어보자

면접이나 시험 직전 긴장 해소를 위한 작은 행동을 하나 루틴화 해놓는 것도 좋다. 짧은 시간 심호흡을 통해 안정을 취하거나 스트레칭을 하는 것도 도움이 될 수 있다. 혹은 가장 가까운 사람에게 연락해 내가 지금 긴장하고 있다고 말해보자. 말하는 것만으로 어느 정도 긴장 완화의 효과가 있다. 격려나 응원을 받으면 더 나아진다. 나만의 주문을 만들어 외는 것도 좋고, 무엇이든 효과를 볼 수 있는 작은 행동을 루틴화 해놓자.

2. 약이나 특정 물건에 기대는 것은 좋지 않다

유난히 긴장하는 사람이 흔히 의지하는 것이 약이다. 편하게 접근할 수 있기 때문이다. 청심환 같은 긴장 완화 약들이 꽤 있는데 처음부터 손대지 않는 것이 좋다. 시험장에선 어떤 상황이 어떻게 펼쳐질지 모른다. 약이 필요한 순간에 구하지 못할 수도 있고, 깜빡하고 챙겨오지 못하게 되면 낭패다. 온 신경을 시험에 집중해도 모자라는데 약이 없어 더 불안해지거나 시험 시간을 코앞에 두고 약을 사려고 온갖 방법을 쓰다 보면 바늘보다 실이 굵어진다.

특정 물건을 지녀야만 긴장이 풀린다는 사람도 있는데 이것 역시 좋지 않다. 사람이란 실수의 동물이다. 깜빡 잊고 시험장에 챙겨가지 못하면 안절부절못하게 된다. 특정 물건에 의미를 부여하는 것은 쓸데없는 징크스를 만드는 격이니 좋지 않다.

3. 면접장에서 긴장된다고 솔직히 이야기하며 시작하는 것도 좋다

아주 작은 의외의 상황이 긴장을 사라지게 하는 계기가 되곤 한다. 면접장으로 걸어 들어가다 발목을 삐끗한다든지, 가슴에 단 수험표가 떨어진다든지, 갑작스레 목소리가 음 이탈이 난다든지 하는 것들이 자주 본 케이스다. 이런 순간에 허겁지겁 대처하는 면접자에게 면접관이 괜찮다고 따뜻한 말로 다독여주면 희한하게 긴장이 풀린다. 혹은 허둥지둥하는 사이 자연스레 긴장이 풀리기도 한다.

그렇다고 시험장에서 일부러 실수할 수는 없다. 이럴 땐 방법이 하나 있는데, 대답할 때 내가 지금 긴장하고 있다고 솔직히 말하는 것이다. 별거 아닌 거 같지만 대놓고 내가 긴장하고 있다고 말함으로써 오히려 가뿐해질 수 있다. 긴장하지 않는 척 애쓰는 것보다 나의 긴장을 인정하면 마음이 편해진다.

4. 내가 이겨냈던 지난날들을 생각해본다

내가 지금도 쓰는 방법이다. 나는 유난히 긴장을 많이 하는 타입이다. 5천만 국민을 상대로 방송하는 아나운서들이 긴장 같은 것을 할까 싶지만 나 같은 아나운서들이 의외로 많다. 15년 차인데도 방송 전에 떨고 있으니 어떨 땐 창피하기도 하다.

그래서 긴장될 땐 늘 지난 방송을 떠올려본다. 큰 탈 없이 해냈던 직전의 일들을 떠올려보는 것이다. 가장 어려웠던 순간도 떠올려본다. '그때도 그 어려운 걸 해냈는데 이것쯤이야.' 하는 생각이 들면서 마음이 편안해진다.

낙방에 대처하는
자세

　취업이라는 관문을 한 번에 통과하는 사람이 있을까? 단 한 번의 시험으로 최종합격하는 사람들이 과연 존재하는가? 정답은 '있긴 있다'. 엄친아를 뛰어넘는 신의 자식들이 정말 세상에 존재할까 싶지만, 부디 그런 사람들은 없었으면 좋겠지만, 주변에서 한두 명쯤 꼭 볼 수 있는 것이 현실이다. 내 머릿속에도 바로 떠오르는 몇몇 사람들이 실재한다.

　그러나 중요한 것은 그런 신의 딸, 신의 아들이 있긴 있지만 그들의 비율은 극히 낮다는 사실이다. 정확한 분석 자료가 있는 것이 아니기 때문에 장담할 수는 없지만 1%도 채 되지 않을 것이라 확신한다. 내가 MBC 신입사원으로 입사했던 당시 동기생이 약 50명이었는데, 50명이 넘는 동기 중 한 번의 시험으로 합격한 동기생은 단 한 명도 없었으니까.

결국 대부분의 취업준비생은 적어도 한 번 이상은 탈락을 경험하게 된다는 얘기다. 취업에 도전하면 이전에는 많이 경험하지 못했던 '탈락', '불합격', '거절' 같은 단어를 무수히 받아들게 된다. 취업 도전 이전의 삶이라 하면 대부분은 학창시절이기에 시험에서 좋은 점수를 받지 못한 일, 대학에서 낙제점을 받은 정도가 쓰디쓴 실패의 경험이었을 거다. 이런 일들은 만회의 기회가 자연스레 주어진다. 다음 시험, 그다음 시험이 계속 찾아온다. 하지만 취업이란 놈은 훨씬 가혹하다. 100군데 넘게 지원해서 두세 번 면접 기회를 얻으면 다행이다. 몇 번 되지 않는 기회에 운과 실력이 잘 버무려져야 한 번의 최종합격을 거머쥐게 되는 잔인한 녀석이다.

그러면 취업 도전에 있어 우리가 가슴속에 반드시 지녀야 할 자세는 무엇일까?

낙방에 대처하는 바른 자세!
"취업은 수비수가 아닌, 공격수의 마음가짐으로 임해야 한다."

축구로 예를 들어본다. 축구에서 수비수와 공격수의 마음가짐은 판이하다. 수비수는 90분 경기 내내 99번을 잘했다고 하더라도 한 번의 실수로 골을 허용하는 순간 비난이 쏟아진다. 99번 잘한 것은 순식간에 잊히고, 단 한 번의 실수로 실력이 모자라는 선수가 되는 것이다.

공격수는 정반대다. 99번의 기회를 살리지 못했더라도 휘슬이 울리기 전 언제든 단 한 번의 기회를 살려 골을 넣고 팀을 승리로 이끌면, 그 선수는 뛰어난 선수가 된다.

취업은 수비수의 마음가짐이 아닌, 공격수의 마음가짐으로 임해야 한다. 100번의 기회 중 100번 모두 골을 넣는다는 것은 불가능한 일이다. 99번의 기회 동안 헛발질도 하고 수십 번 넘어지기도 해야 한다. 그러다 가장 중요한 순간 절호의 기회가 오면 그것을 살려야 한다.

최종 목표를 잊지 말자. 우리의 최종 목표는 한 번도 떨어지지 않고 관심도 없던 기업에 덜컥 붙어버리는 일이 아니다. 내가 진정으로 원하는 직장, 내가 꿈꾸는 일을 할 수 있는 곳에 언젠가 합격하는 일이다. 두 번 세 번도 필요 없다. 딱 한 번이면 된다. 거듭되는 낙방은 내게 동기를 부여해주는 소중한 자산임을 잊지 말자.

낙방에 대처하는 바람직한 자세

1. 낙방의 아픔을 잊는 가장 좋은 방법은 계속 지원하는 것이다

누구나 탈락은 뼈아프다. 하지만 지긋지긋하게 받아드는 '불합격'이 란 단어 아래에서 주저앉아 울고만 있을 수는 없다. 물론 며칠은 술을 진탕 마신다든가 에라 모르겠다는 심정으로 보낼 수 있다. 하지만 빨리 돌아와야 한다. 그리고 다시 지원서를 쓰자. 하림의 노래 중에 <사랑이 다른 사랑으로 잊혀지네>라는 명곡이 있다. 취업도 똑같다. 낙방의 아픔을 새로운 회사로의 부푼 꿈으로 치환해보자.

2. 낙방의 결정적 순간을 다시 시뮬레이션하자

유재석 씨가 지금처럼 국민 MC가 아니던 시절이다. 유재석 씨는 아무리 지치고 힘들어도 이것 하나는 꼭 하고 잠자리에 들었다고 한다. 바로 가장 화제가 되는 프로그램을 모니터링하는 것. 그리고 중요한 장면이 나오면 리모컨의 '포즈' 버튼을 눌렀다. 어떤 화두가 던져졌을 때 화면을 잠시 멈추고, '나라면 무슨 말을 할까?' '이런 순간이 오면 무엇을 보여줄까?' 등을 생각해보며 치열하게 고민한 거다. 매일의 시뮬레이션이 쌓여 실력이 되었고, 어떤 상황이나 유머의 타이밍이 불시에 찾아오더라도 재치 있게 살려내는 국민 MC의 모습을 만들어나갔다. 시간을 돌려 면접장을 떠올려보자. 내가 가장 실수했다고 생각하는 그 시점으로 돌아가 보자. 그리고 면접관의 질문이 떨어진 순간 '포즈' 버튼을 누르고 '다음에 같은 상황이라면 나는 어떻게 할까'를 연습해보자. 그것이 쌓이면 어떤 순간에도 멋들어지게 대응하는 나를 만들 수 있다.

떨어지고 나서
해야 할 일

지난 시즌 프로야구 데뷔 후 15년 만에 10승을 달성하며 생애 최고의 시즌을 보낸 B 선수가 있다. 35살이 되기까지 이렇다 할 성적을 보여주지 못했던 그는 10승을 달성하고 인터뷰에서 이렇게 말했다.

"좋은 일이 생기면 그게 진짜 좋은 일일까 생각했어요. 오히려 안 좋은 일이 생겼을 때 얻은 게 더 많기 때문에…. (성적을 내지 못했던 지난 시간은) 소중한 시간이었던 것 같습니다."

'실패는 성공의 어머니'라는 뻔한 말은 틀린 구석이 하나도 없다. 줄곧 성공만 하는 것은 어느 정도의 자신감이나 부, 명예를 얻어갈 수 있다. 하지만 실패는 어느 정도가 아니라 훨씬 더 많은 것을 안겨준다.

취업도 마찬가지다. 계속 합격만 해서 빠르게 뻗어나가는 사람은 잠시 빛나 보일 수 있다. 하지만 난관에 봉착했을 때는 다르다. 갑작스레 찾아온 슬럼프나 역경에 대처하는 능력은 거듭된 실패로 내공이 가득 쌓인 사람을 따라갈 수 없다.

그렇다면 단순히 실패만 하면 저절로 내공이 쌓이는 걸까? 이에 대한 정답은 정해져 있다. 절대 아니라는 답 말이다. 취업에서 불합격 통지를 받을 때마다 그것을 분석하고 연구해야 한다. 내가 왜 떨어졌는지, 왜 다시 실패했는지 원인을 분석하고 그것들을 보완해나가야 한다. 단순히 불합격 통지서만 수십 차례 받았다고 해서 내공이 쌓이는 것이 아니다.

그렇다면 떨어지고 나서 무엇을 해야 할까?
내가 조금 전 불합격 메일을 받았다면, 지금 가장 먼저 해야 할 일은 무엇일까?

떨어지고 나서 즉시 해야 할 일!
"모든 순간을 복기하기.
당분간, 완전히, 잊어버리기.
또 다른 곳에 지원하기."

지원자는 특정 회사의 전형을 준비하는 과정에서 자연스레 그 회사를 좋아하게 된다. 그 회사가 하는 사업을 들춰보고, 내 주변에 있는 그 회사의 물건들에 관심이 생긴다. 그러다 보면 짧은 기간 해당 회사에 애정이 생기고, 꼭 가고 싶다는 생각이 들게 된다. 애정이 생기지 않는 경우도 물론 있다. 하지만 그런 경우라면 합격을 해도 목표에 도달한 성취감은 미미할 것이다.

지원자는 불합격 통지를 받는 순간 좋아하게 된 회사에게 일방적으로 차이는 꼴이 된다. 그래서 불합격은 연애와 비슷하다.

우리는 사랑하는 연인에게 차이면 어떻게 할까? 처음엔 현실을 부정하고, 체감하지 못하다. 극도의 슬픔과 마주친다. 그러다 자신의 잘못을 뉘우치고, 그러지 않겠다는 다짐 따위로 상대의 마음을 돌리려 애쓴다. 과거의 일들을 돌이켜보고 반성한다. 결국, 슬픔 속에 빠져 살다 시간이 흐르면 어느 정도 잊게 된다. 그리고 다른 사람들을 만나기 시작하며 정상적인 생활로 돌아온다.

불합격 이후에도 똑같다. 과거의 일들을 돌이켜보고 다시

다듬어보자. 모든 순간을 복기해야 한다. 처음부터 끝까지. 그 시작은 자기소개서 작성에서부터다. 불합격했던 자기소개서를 다시 '복붙'하는 것은 불합격의 지름길이다. 한번 썼던 자기소개서는 계절에 따라 그 의미가 달라진다. 세상에 존재하는 모든 글은 이상하게도, 시간이 흐르면 촌스러워진다. 시대에 동떨어진 느낌을 주기도 한다. 물론 시대를 관통하는 좋은 글들도 있지만, 그것은 내로라하는 대작가들의 글이나 그런 힘을 가지고 있다.

자기소개서를 다듬고, 면접 때 행동을 하나하나 돌이켜본다. 했던 말들도 하나씩 떠올려본다. 이것들은 반드시 낙방 직후에 해야 한다. 시간이 지날수록 모든 기억은 희미해지고, 기억이란 것은 내가 유리한 쪽으로 바뀌어 저장되는 습성이 있기 때문이다.

'다음엔 이렇게 써야지', '다음에는 이렇게 말해야지', '다음엔 이런 표정을 지어야지'를 머릿속에 입력하고 내가 가장 편한 어딘가에 저장해두었다면 일단 하나는 끝났다.

두 번째가 어렵다. 지나간 버스는 잡지 말라는 말처럼 떠난 회사는 '당분간' 잊어야 한다. '당분간'이라는 전제가 붙는다. 6개월 뒤, 혹은 1년 뒤 다시 마주할 수 있기 때문에 '당분간'

잊어야 한다. 그것도 '당분간', '완전히' 잊어야 한다. 수능이든 토익이든 어떤 시험이든 앞쪽에 완벽히 처리하지 못한 문제가 자꾸 떠올라 시험 전체를 망친 경험은 누구나 있을 것이다. 100% 맞다는 확신이 있는 것도 아니고, 그렇다고 완전히 틀린 것도 아닌데, 맞을 확률이 오히려 더 높은데, 자꾸만 생각나는 그런 애매한 문제가 주는 영향은 실로 막대하다.

하지만 이걸 생각해보자. 회사와 지원자의 관계는 깔끔하다. 아주 쿨하다. 연애에서 완벽히 차여버리는 것과 같으니 별다른 선택지가 없다. 애매하게 '시간을 갖자', '좀 더 고민해보자'가 아니라 '불합격'이란 세 글자로 한 번에 정리가 되니 말이다. 나 싫다고 한 회사에 매달리지 말고 최대한 빨리 잊자. 방법이 그것 하나밖에 없음에 오히려 감사하면서.

마지막이 모든 것을 한 번에 해결하는 가장 쉬운 방법의 하나다. 이미 '낙방에 대처하는 자세'에서 살짝 언급했지만, 빨리 다른 회사에 지원하자. 연애에 어려움을 겪는 사람에게 늘 따라다니는 충고는 이거다. "이 사람, 저 사람 두루 많이 만나봐. 그게 최고야."

취업? 역시 마찬가지다. 이 회사, 저 회사, 그 회사 모두 지원해보자. 가기 싫은 회사는 합격하고 안 가면 된다. 무책임한 일이 아니다. 회사와 지원자 둘을 놓고 볼 때 약자는 언제나 지원자 쪽이기 때문에 회사는 합격을 취소할 수 없지만 지원자는 그래도 된다.

여기저기 또 문을 두드리다 보면 어느새 지난 불합격 따위는 싹 씻어버린 나를 발견하게 된다. 내공은 그런 식으로 차곡차곡 쌓이는 법이다.

또 여기저기서 불합격 통지를 받는다면? 똑같이 이 세 단계를 반복하면 된다. 그러다 보면 언젠가 최종 목적지에 도달하는 순간이 온다. 경험상 그 확률은 100%다. 의심하지 말고 불안해하지 말고 지금 당장 이 세 가지를 실행에 옮기자.

불확실성
이겨내기

취업준비 기간이 조금 길어지면 매일같이 드는 생각이 있다. '이번에도 안 되면, 여기에서도 안 되면 어떻게 해야 할까.' 방송사 최종면접만 11곳에 올라갔던 내게도 이런 순간이 있었다. 한 곳을 제외한 10개 회사의 최종면접에서 모두 떨어졌을 때였다. 한 곳에서 떨어져도 다른 곳의 결과가 남아있을 때는 버티기 수월했다. '이곳은 떨어졌지만 저곳은 되겠지'라는 생각, 일말의 가능성이 남아있다는 생각 덕분이었다.

하지만 지원할 회사가 한곳조차 남아있지 않을 때는 절망적이었다. 그럴 수밖에 없었다. 한 번만 더 떨어지면 그해의 채용은 끝이었다. 불합격이면 다시 1년을 준비해야 했다.

당시 나는 차선책이 없었다. 오직 방송사에만 올인했고 아나운서 직종에만 모든 것을 쏟아부어 준비했다. 방송사 아닌 기업에 대한 준비는 전혀 돼 있지 않았다. 아나운서 시험을 위해 갈고닦은 진행 능력은 다른 기업에서는 필요 없는 능력이었다.

운이 좋게도 나는 11곳의 최종면접 중 마지막 남은 한 곳에 합격했기에 이런 걱정을 모두 거둘 수 있었지만, 아직도 '만약 11번째에도 실패했다면?'이란 의문을 지울 수 없다. 그 생각만 하면 지금도 아찔하다. 아무 준비가 돼 있지 않았기 때문에 아마 엄청난 시행착오를 거치지 않았을까.

취업은 불확실성의 연속이다. 불확실성은 블랙홀 같아서 점점 커진다. 암흑 속으로 많은 것들이 빨려 들어간다. 지속되면 자신감이 떨어진다. 나도 모르게 주눅 들게 된다. 그동안 잘하던 것도 왠지 잘 안되는 것 같다. 부정적인 생각이 점점 늘어난다.

이럴 땐 차선책이 있는 것이 큰 도움이 된다. 내 목표를 이루지 못했을 때 실제 세컨드 스텝으로 활용할 수 있다. 또한 '이게 잘 안되면 다음 단계로 가야지'라는 대비책은 1순위 목표를 이루는 데도 큰 도움을 준다. 넥스트 스텝을 고려해두었다는 것만으로도 큰 무리를 하지 않게 해 실수가 줄어들고, 너무 절박해서 나오는 과한 행동들을 억제해준다.

불확실성을 이겨내며 나아가려면!

"차선책, 차차선책까지 마련해두자. 피해가기 위함이 아니다. 힘을 빼고, 무리하지 않기 위해서다. 목표로 가는 현명한 방법이 될 수 있다."

물론 '난 이거 아니면 안 돼'라는 사람도 있다. 실제 내가 그랬다. 하지만 긍정적인 효과보다 부정적인 영향이 더 많았다. 주변 사람들을 한번 떠올려보자. 하나에 목매어 과하게 뛰어드는 사람은 부담스럽다. 그러나 크지만 지나치지 않은 열정으로 무장한 사람은 빛이 난다. 어느 정도의 여유까지 겸비하면 모두가 탐내는 사람이 된다.

물론 과함과 적당함의 경계를 찾기란 쉽지 않은 일이다. 그래서 주위의 솔직한 말에 귀 기울여야 하고 건전하고 합리적인 비판을 수용할 줄 알아야 한다.

〈기생충〉의 명대사를 떠올려보자.

"넌 계획이 다 있구나."

뭐든 보험이 있으면 마음이 편해지는 법이다.

그 외의 꿀팁

1. 나의 꿈과 차선책의 연결고리를 반드시 찾아내자

전자공학을 전공하고 ROTC 소대장으로 28개월을 복무한 후 첫 직장에 인사팀 채용담당자로 취업했다. 이후 첫 직장을 때려치우고는 아나운서에 도전했다. 대학부터 인생 두 번째 취업준비생이 될 때까지 도무지 겹치는 구석이 없이 살았다. 커리어가 중구난방이었다.

하지만 전혀 연관 없어 보이는 일들의 속내를 들여다보면 기묘하게 조금씩 연결이 된다. 전자공학 전공 후 통신소대장을 했고, 소대장이니 소대원들 인사관리를 했다. 잠시 인사장교 일도 했다. 그 경험이 첫 직장의 인사팀 발령으로 이어졌다. 전자공학 전공자이기에 엔지니어로 입사했지만 군 시절의 경험이 전공보다 더 반영됐다. 인사팀 경력은 아나운서 입사 시험에서 다양하게 작용했다. 고용에 대한 정책, 사람을 보는 시선, 대중 앞에 자연스레 서는 경험 등 인사팀에서의 경험이 중요한 길목마다 큰 힘을 발휘했다.

내 꿈과 차선책의 연결고리를 반드시 찾아내자. 공대 출신인데 한국은행에 가고 싶다면, 사범대학 출신인데 광고회사가 꿈이라면, 예체능을 전공했지만 IT기업에 가고 싶다면, 그것을 설명할 연결고리가 필요하다. 이 작업은 세컨드 스텝 준비의 첫걸음도 된다.

2. 적을 유지하는 것은 도움이 된다

이력서에 긴 공백기가 보이면 늘 면접관은 질문한다. 나도 면접관 임무를 수행할 때 그랬다.

"2년 정도 공백기가 있었는데 무엇을 했나요?"

사실 취업준비생의 대답은 뻔하다. 경제적인 어려움 때문에 아르바이트했다든가, 그저 취업준비에 몰두했을 가능성이 가장 크다.

공백기의 결과가 좋지 않으면 위의 질문에 답하기가 너무 어렵다. 스스로도 공백기의 불확실성을 이겨내기 쉽지 않다. 그래서 적을 유지하며 취업준비를 하는 것이 좋다. 학생 신분 혹은 대학원, 직장인 등의 신분이 확실한 것이 스스로 마인드 컨트롤에도 용이하다.

3. 아주 작은 경제 활동하기

주머니가 가벼워지면 그만한 압박이 없다. 가까운 친구들도 사랑하는 가족들도 돈이 없으면 만나기 힘들어진다. 입고 나갈 옷이 없으니 외출도 꺼려진다. 뭘 하려 해도 자신감이 떨어진다.

찾아보면 다양한 일들이 있다. 돈을 많이 벌 수 있는 일은 그다지 많지 않아도 최소한의 삶을 유지하게 해주는 일들이 있다. 작은 경제 활동으로 시간만 뺏긴다 생각하면 오산이다. 무슨 일이든 하면 배우는 것이 있고, 얻는 것이 있다. 특히나 어디서든 일을 하고 있으면 불안감이 줄어든다. 우선 생활이 가능하기 때문이다.

내 꿈을 향한 발걸음을 크게 방해하지 않는 선에서 작은 경제 활동은 여러모로 도움이 된다. 일이라도 하고 있으면 불확실성이 줄어들고, 그동 고민과 연구가 동반된다면 소중한 경력이 된다. 무엇보다 그래도 뭔가 하고 있다는 생각이 들면 마음을 다잡는 데도 도움이 된다.

누구도 강제하지 않는 시험을 스스로 이어간다는 것

취업은 한 사람의 인생이 가장 크게 바뀌는 순간이다. 취업 이전까지는 대부분 학생 신분이다. 학생 때는 귀찮으면 학교에 가지 않아도 되고 듣고 싶은 수업만 골라서 들으면 됐지만, 사회생활은 정반대다. 직원은 돈을 받고 회사에 다닌다. 일을 해야 하는 '의무'에 더해 일에 대한 '책임'까지 나를 쫓아다닌다. 귀찮거나 하기 싫다는 이유로 일을 안 할 수 없으며, 안 하면 언젠가 쫓겨난다. 결국, 사람은 취업준비를 하면서부터 수동적 인간에서 능동적 인간으로 완전히 바뀐다. 바뀔 수밖에 없다.

여기서부터가 '나'라는 존재에 정체성을 부여하는 시기다. 이전까지는 부모가 시켜서, 남들 다 학교에 가니까 등의 이유로 큰 동기부여가 없어도, 별생각이 없어도 정규 교육 과정을 따라간다.

소위 사기 캐릭터 같은 걸출한 사람들을 제외한 대부분은, 취업을 준비하는 행위로 '학생'을 제외한 첫 직업을 갖게 된다. 난생처음으로 제대로 된 자신의 정체성을 찾기 위해 가는 과정이다. 그래서 취업은 인생이 크게 바뀌는 시기라 표현한 것이다.

취업은 자신만의 목적이 분명해야 한다. 단순히 돈을 벌기 위한 목적도 좋은 목적이다. 그저 자랑하기 위해, 부모의 기대를 충족시키기 위해, 아니면 정말 나의 원대한 꿈을 위해 뛰어드는 것도 훌륭한 목적이다. 목적이 무엇이 됐든 중요한 것은 목표를 향해 내 마음에 확실히 동기부여를 해줘야 한다. 그래야 첫 직업을 갖게 되는 과정까지 버텨낼 수 있다.

취업은 결국 나를 찾아가는 행위다. 멀리 보면 내가 평생 하고 살 일을 찾는 것이다. 그 일을 통해 보람을 느끼며, 내가 사는 이유를 확인하는 귀중한 존재다. 남들에게 내 직업이 무엇이라고 이야기하는 그 한 단어, 미래에 생길지 모를 내 자식들이 "우리 엄마는, 우리 아빠는 무슨 일을 하는 사람이에요"라고 말할 때 '무슨'에 들어갈 중요한 단어를 만나는 일이다.

취업은 그 누구도 강제하지 않는다. 온전히 내가 선택하는 것이다. 이전까지의 삶과는 차별화되는, 나라는 존재의 쓸모를 확인해나가며 전진하는 행위다.

그렇기 때문에 더 어렵다. 인생에서 처음으로 해보는 행위에는 각종 어려움이 도사리고 있다. 이전과는 다르게 한번 넘어지면 일어나는 것이 쉽지만은 않다. 현실의 냉혹함을 인생에서 처음으로 피부로 느끼게 된다. 거듭된 실패는 너무나 자연스럽게 찾아온다. 그것도 수십 번도 넘게.

그 누구도 강제하지 않는 시험을
스스로 이어가기 위해 필요한 것!

"확실한 동기부여가 필요하다. 뚜렷한 목표가 필요하다.
꿈이 필요하다. 이런 것들이 없다면 난생처음 겪는
어려움에 넘어지게 된다. 그리고 그대로 주저앉게 된다."

누구도 강제하지 않는 일을 해나갈 때의 꿀팁

1. 단순한 희망이 아닌 구체적인 목표를 세운다

단순히 '애플 입사'가 아니라 애플에 들어가서 아이폰 디자인을 해보고 싶다든지 그냥 MBC에 들어가는 것이 아니라 MBC 〈놀면 뭐하니?〉를 연출하고 싶다든지 이렇게 조금 더 세부적인 꿈을 꿔보자. 막연한 목표는 버려지기 쉽고 잊히기 쉽다. 하지만 구체적인 꿈이 생기면 그 꿈을 사랑하게 된다. 흔히 말하는 '가슴이 웅장해진다'는 느낌을 받을 수 있다. 구체적인 꿈이 있는 사람은 쉽게 꺾이지 않는다.

2. 상상에 상상을 거듭하자

취업준비생 시절 자기 전에 하루도 빠짐없이 했던 것은 상상에 상상을 거듭하는 일이었다. 원하던 회사에 합격하는 짜릿한 상상을 매일하며 잠들었고, 이 루틴은 녹초가 된 하루를 마무리하는 내 나름의 의식이었다. 기분 좋은 상상은 다시 하루를 힘껏 달릴 수 있는 원동력이된다. 마음껏 상상에 상상에 상상을 더해보자.

3. 확실한 피난처를 만들어두자

흔들릴 때마다 여기에 가면 확실하게 마음을 다잡을 수 있다든가, 이사람을 만나면 다시 힘을 얻는다가 하는 나만의 피난처를 만들어놓자. 취업이라는 건 끊임없이 나를 채찍질해야 하는 일이다. 그렇기 때문에 반대로 나를 보듬어주는 일도 꼭 필요하다. 나는 땀 흘려 달리는 것, 홀로 산에 오르는 것 등으로 나를 보듬으며 나아갔다.

취업 성공자들과 나를 끊임없이 비교하는 것

　취업준비생 때 가장 속상했던 순간을 꼽으라면 아마 이 장면이 아닐까 싶다. 어머니가 친구분과 통화하는 소리가 들린다. "축하해"를 연발하는 어머니의 목소리. 엄마 친구 딸, 엄마 친구 아들이 굴지의 대기업에 취직했다는 소식을 방 건너 수화기 너머로 알게 된다. 통화를 끊은 어머니는 밖에 내가 있는 걸 알고 아무 일도 없었다는 듯 나오셔서 "아들, 주말인데 점심때 삼겹살 먹을까?"라며 괜히 딴소리를 하신다.

　사람인지라 자연스레 비교할 수밖에 없다. 나란히 서 있던 취업준비생들은 한 명이 취업에 성공하는 순간 신분이 급격히 바뀐다. 대기업 신입사원과 그냥 취업준비생, 고액 연봉자와 무일푼 백수, 탄탄대로에 올라탄 사람과 기약 없는 시험 준비를 이어가야 하는 사람. 취업준비생이라면 전자를 꿈꾸지 후자를 유지하고 싶은 사람은 없을 것이다.

취업 성공자들과 나를 비교할 때 가져야 할 마음가짐!
"내가 비교하는 그 사람은 마라톤에서 첫 1km를 조금 앞서간 것
뿐이다. 40km도 넘는 긴 구간이 남아있다. 결승선 테이프를
내가 끊기 위해선 첫 1km보다 뒤의 41.195km가 중요하다."

친한 친구 중 첫 직장으로 C사를 다녔던 친구가 있다. 연봉
도 그리 높지 않았고 복지도 좋지 않았던 반면, 업무 강도는
둘째가라면 서러운 힘든 직장이었다. 그곳에 입사만 하면 다
들 하루하루 소비되는 존재로 바뀌어 타성에 젖어갔다. 결국
대부분 주저앉고 말았다.
하지만 그 친구는 포기하기보다 커리어를 확장하는 쪽을
택했다. 그 회사는 사회생활의 첫 시작, 첫 관문일 뿐이라고
생각했다. 일정 시간을 버텨내고 경력을 쌓은 뒤 M사로 이직
했고, M사가 현재 최고의 기업 중 한 곳인 K사에 인수되며
결국 최고의 직장을 다니게 됐다. 부서 역시 최고 중추 중 한
곳으로 발령받으며 인생 최고의 순간을 누리고 있다.

한 친구는 A 전자에 다녔다. 처음엔 남부럽지 않았다. 초임

도 높고 A 전자에 다닌다는 것 자체로 부러움의 대상이었다. 하지만 그는 40대도 되기 전에 자기 손으로 사직서를 냈다. 조건은 좋았지만 각박한 근무 환경, 주말도 없이 일해야만 살아남는 조직의 문화, 40대 후반으로 갈수록 남는 사람이 점점 없어지는 모습에 불안함을 느꼈고 전직을 준비하다 뜻대로 되지 않아 결국 다시 취업준비생이 되었다.

취업 성공자들이 부러운 것은 사실이다. 하지만 취업을 준비하는 우리의 첫 합격지는 인생의 최종 목적지가 아니다. 물론 첫 직장이 최종 목적지가 되는, 대운을 타고난 사람도 있긴 하지만 그런 경우는 그리 많지 않다. 첫 직장은 첫사랑과 닮았다. 첫사랑과 결혼까지 골인하는 사람은 많지 않다. 절실할수록 더 이루기 힘들다.

나짐 히크메트가 쓴 시 〈진정한 여행〉의 한 구절을 소개한다.

가장 훌륭한 시는 아직 쓰이지 않았다.
가장 아름다운 노래는 아직 불리지 않았다.
최고의 날들은 아직 살지 않은 날들
가장 넓은 바다는 아직 항해 되지 않았고

가장 먼 여행은 아직 끝나지 않았다.

불멸의 춤은 아직 추어지지 않았으며

가장 빛나는 별은 아직 발견되지 않는 별

취업준비생은 현시점에서 가장 가능성이 큰 사람이다. 엄마 친구 딸이 삼성전자에 갔다면 아직 취업하지 않은 나는 애플에 갈 수 있다. 엄마 친구 아들이 네이버에 갔다면 아직 취업하지 않은 나는 구글에 취직할 수 있다. 혹은 스타트업 열풍을 타고 이른 나이에 성공한 CEO가 될 수도 있다.

지금 빛나는 곳이 몇 년 뒤엔 가장 어두운 곳일 수도 있고, 지금 가장 어두운 곳이 가장 밝은 곳이 될 수도 있다.

결과를
섣불리 예단하지 말자

MBC 4차 합숙면접 때였다. 당시 합숙면접은 아침 7시에 MBC 연수원에 모여 다섯 가지의 미션을 소화해내고 저녁 회식까지 이어지는 강행군이었다.

다섯 가지 미션은 순서대로 스피치, 1차 토론면접, 2차 토론면접, 인터뷰, 돌발면접으로 구성됐다. 스피치는 무작위로 제시된 두 개의 단어를 반드시 포함해야 하는 3분 스피치였고, 1차 토론면접은 가벼운 주제(당시 토론 주제는 '무인도에 표류하게 된다면 가장 필요한 세 가지는 무엇인가'였다), 2차 토론면접은 사회적 이슈(장애인 고용)를 다뤘다. 인터뷰는 당시 테러 집단에 납치됐다 풀려난 종교단체의 대표를 인터뷰하는 미션이었고, 돌발면접은 난감한 질문을 여러 가지 부여받은 지원자의 대처 능력을 보는 과정이었다.

뒤늦게 안 사실이지만 다섯 가지 미션의 배점은 동일했다. 예를 들어 하나의 미션이 10점 만점이었다면 나머지 네 가지 미션의 만점 역시 10점씩으로 동일했다.

4차까지 살아남은 약 서른 명의 지원자들의 점수 분포는 다양했다. 스피치에 9점을 받은 사람이 토론에서는 5점을 받기도 하고, 인터뷰에서 만점을 받은 사람이 돌발면접에서는 낙제점을 받기도 했다. 모두 만점을 받은 지원자는 당연히 존재하지 않았다. 각자 장점이 있는 구간에서는 좋은 점수를, 어려워하는 부분에선 낮은 점수를 받았다.

여러 가지 시험이 동시에 치러지는 전형의 경우 중요한 사실이 하나 있다. 하나의 시험을 치른 후 결과를 섣불리 예단하면 안 된다는 것이다. 첫 번째 미션을 스스로 망쳤다고 생각해도 네 번의 기회가 남아 있다는 사실을 잊으면 안 된다. 또한 본인은 망쳤다고 생각하는 면접의 결과가 어떻게 나올지는 아무도 모른다. 지원자는 모든 전형이 끝날 때까지 최선을 다해야 한다. 지레 겁먹고 움츠러들거나 포기하는 순간 남아 있던 가능성이 날아가게 된다.

다른 전형들도 마찬가지다. 면접이 끝나기도 전에 자신만의 작위적 판단으로 결과를 예측해선 안 된다. 시험이 한창 진행 중인데 떨어졌다, 망쳤다 같은 생각은 금물이다.

시험장에서의 금기 사항!
"스스로 결과를 예단하지 말자."

A사의 인성 면접장이었다. 나는 늘 인성면접에는 자신만만했다. 사람들 앞에서 큰 목소리로 주눅 들지 않고 말하는 것은 내 장점이기도 했기에 당시에도 면접관들의 모든 질문에 주저함 없이 당당히 답했다. 면접을 마치고 집에 돌아가는 길에는 부모님께 전화까지 했다. 내가 면접을 너무나 잘 봤고, 합격할 거 같다는 근거 없는 자신감을 마구 표출했다.

결과는? 불합격이었다.

MBC 4차 면접 중 돌발면접이었다. 면접관의 별거 아닌 질문에 나는 허둥지둥 댔다. 질문 내용은 별거 아닌 내용이었다. "여자친구와 어머니가 물에 빠지면 누구를 구할 건가요?"라는 흔해빠진 돌발 질문이었다.
하지만 나는 아예 말 자체를 하지 못했다. 그 상황에 너무 몰입한 나머지 알 수 없는 소리만 해댔고 심지어 말을 끝맺

지도 못했다. 나는 그 순간 낙방을 직감했고 스스로 불합격을 기정사실화했다. 이후 합격자 발표가 날 때까지 방에 박혀 나오지 않았다.

결과는 어땠을까? 합격이었다.

돌이켜보면 A사 인성 면접장에서는 면접이 시작되고 몇 분 흐르지 않아 스스로 합격을 직감했다. 억측도 그런 억측이 없었다. 그래서 너무 자신만만해졌다. 적당한 겸손함이 필수인 면접장에서 기고만장한 지원자가 나타나면 어떨까? 과도한 자신감으로 면접관의 질문이 채 떨어지기도 전에 술술 답을 하는 모습이 그다지 좋게만 보이지 않았을 것이다.

면접에서는 절대 결과를 예단하면 안 된다. 면접장으로 향하는 길에 지녔던 초심을 끝까지 유지해야 한다. 합격할 거 같다고 선을 넘거나 오버해서는 안 되며, 면접관이 내게 관심 없어 보인다고 해서 지레 겁먹어 할 수 있는 것을 못 하면 안 된다.

MBC 4차 면접 중 돌발면접의 결과는 너무 놀라웠다. 그때 내가 왜 붙었는지 도무지 영문을 알 수 없어 당시의 면접관 선배를 만나는 날을 학수고대했다. 그리고 처음 선배를 만나자마자 물었다. 나는 당연히 면접을 망친 줄 알았는데 붙었다고, 이게 어찌 된 일이냐고 말이다.

그 선배는 나를 정확히 기억하고 있었다. 별거 아닌 질문에 어쩔 줄 몰라 하는 솔직한 모습이 좋았다 했다. 정형화된 답변을 늘어놓는 다른 지원자보다 신선하게 다가오는 매력에 점수를 잘 주었다며 웃어주었다.

당시에 다섯 가지 미션 중 돌발면접이 마지막이었던 것이 참 다행스러웠다. 만약 돌발면접이 첫 번째 미션이었다면 나는 스스로 불합격이라 생각하고 나머지 네 번의 면접에서 제대로 된 내 모습을 보여주지 못했을 것이다.

면접 결과는 내가 알 수 없는 영역이다. 내가 장점이라고 생각하는 것들이 면접관에겐 단점으로 보일 수 있다. 반대로 내가 가장 약한 고리를 좋게 봐줄 수도 있다. 그렇기에 면접의 결과를 미리 단정 지으면 안 된다. 전형이 진행되는 동안 결과는 내 손에서 떠난 것임을 확실하게 인지하고 초심으로, 끝까지 최선을 다해야 한다.

적당한
자신만만함에 대하여

자신감은 도가 지나치면 자만심으로 바뀌고 겸손함이 과하면 소심해 보인다. 취업준비생은 자만하지 않고 소심하지 않으며 적당한 자신감으로 무장해야 하는데 그 선을 유지하기가 참 어렵다.

적당한 자신감이란 것은 사람마다 차이가 크다. 스스로 자신 있게 말한다 생각해도 남들이 보기엔 움츠러드는 것처럼 보이기도 하고, 스스로 최대한 절제하며 말한다 느껴도 남들 눈에는 지나치게 설쳐대는 사람으로 보이기도 한다.

이는 사람의 타고난 성정과 관련이 깊다. 말하기보다는 듣고, 내세우기보다는 낮추며 살아온 경우엔 더 적극적으로 나가야 하고, 듣기보다 말하는 것이 편하고 자신을 높이며 살아온 사람은 반드시 겸손함을 장착해야 한다.

가까운 후배 A가 있다. 일에 있어서 혀를 내두를 정도의 실력을 자랑한다. 일을 주면 결과물을 척척 만들어낸다. 하지만 약점이 하나 있는데 그것은 과도한 자신감이다. 거기에 겸손함이 조금 부족하다. 그래서 A는 협업이 필요하거나 너무 기가 센 사람을 부담스러워하는 타깃층이 있는 일에는 적당하지 않다는 평가를 받았다.

그런데 어느 날 A가 겸손함이라는 무기를 장착하고 임하는 모습을 봤다. 그 모습은 단점을 꼽기 힘든 완벽한 형태였다. 아마 끊임없이 자신을 객관화했을 것이다. 그리고 부족한 점을 담아 자신의 것으로 소화했을 것이다. 그 순간 A는 내가 본 모습 중 가장 찬란한 빛을 뿜어내고 있었다.

적당한 자신만만함 장착하기!

"전형적인 케이스 바이 케이스다. 먼저 내가 가지고 있는 타고난 성정을 들여다보자. 사람들의 이야기에 귀 기울여 자신을 객관화하자. 내게 부족한 성정 한 스푼을 넣어 잘 섞어보자."

하나가 더 있다. 앞선 이야기가 자만과 소심의 경계선을 찾는 일이라면 이것은 열정의 선이다. '이거 아니면 죽는다'와 '여기 아니어도 갈 곳 있어' 사이의 경계가 있다. 면접관 시선에서 보면 예뻐 보이고 기분 좋아지는 사람은 '이거 아니면 죽는다'하는 지원자다. 하지만 탐나는 사람은 '여기 아니어도 돼'하는 지원자다. 물론 '여기 아니어도 돼' 뒤에 한마디가 더 붙어야 한다.

'여기 아니어도 갈 곳은 있습니다만… . 저는 이곳과 함께하고 싶습니다.'

'이거 아니면 죽는다'하는 사람은 부담스럽다. 웬만한 모든 지원자가 무장한 속성이다. 면접관 입장에서는 왠지 보험을 든 거 같다. 다른 지원자들을 다 보고 나서 마음에 드는 사람이 정 없으면 그때 가서 뽑고 싶은 마음도 든다. 확률은 똑같은데 아직 긁지 않은 복권에 더 많은 기대를 하는 건 사람의 어쩔 수 없는 심리다.

지원자는 적당한 자신만만함에 더해 적당한 열정의 크기를 보여줘야 한다. 너무 큰 열정은 받아들이는 사람 입장에서 부담스러울 수 있다. 또한, 지금 지원한 이곳 말고 여기저기에서 원하는 사람이라는 것을 느끼게 해줘야 한다.

면접장과 소비 심리

뜬금없는 이야기라 생각할 수 있지만, 카카오의 사업 영역 중 하나에서 이 경계의 중요성을 확인할 수 있다. 우리가 흔히 이용하는 카카오 택시 사업은 탄탄대로를 걸었다. 처음엔 승객과 택시기사를 연결해주는 역할로 시작했다. 하지만 조금 더 빠르게 배차를 받으려면 천 원 정도를 더 지불하게 시스템이 바뀌었다. 고급 택시는 3천 원을 요구하는 경우도 있었다. 여기까지는 소비자들이 감내하는 수준이었다. 하지만 어느 날 카카오 택시는 호출료를 최대 5천 원까지 받겠다고 공언했고, 이에 반발한 소비자는 카카오 택시를 떠나려 했다. 카카오는 황급히 호출료 5천 원 정책을 백지화했다. 이렇듯 소비자는 적정 수준까지는 플랫폼을 적극적으로 이용하지만, 어느 순간 선을 넘어버리면 외면하게 된다.

카카오 택시는 소비 심리에 대한 사례지만, 사람이 사람을 보는 시선 역시 크게 다르지 않아서 면접장에서도 비슷하게 반영된다. 적당한 자신만만함은 좋지만 과한 자신감은 자만과 허세를 부르게 되고 결국 면접장에서 외면받는다. 또, 어느 정도 겸손한 것은 필수적인 요소지만, 너무 심하게 자신을 낮추거나 드러내지 않으면 나만의 매력이 사라질 수 있다.

그래서 그 경계가 중요하다. 갖고 싶은 사람, 탐나는 사람과 다른 곳에 보내도 괜찮을 사람, 다시 안 만나도 될 사람 사이에 위치한 보이지 않는 선. 그 선을 찾는 것은 그 무엇보다 중요하다.

나와의 싸움에서 승리하기

　취업은 결국 나와의 싸움에서 승리하는 것이다. 뻔한 이야기 같지만 뻔한 이야기가 아니다. 지원자의 시선은 나 자신으로 향하지 않고 자꾸만 다른 지원자로 향한다. 본능적으로 다른 지원자와 나를 계속 비교한다. 움츠러든다. 작아진다.

　함께 면접장에 들어가는 다른 지원자들의 모습을 보면 저절로 주눅이 든다. 유창한 외국어 실력은 물론이고 다양한 경험 이야기를 들으면 엄친아, 엄친딸을 왜 하필 여기서 만나나 싶다. 어려운 질문에 능숙하게 대처하는 지원자를 보면 외계에서 온 것 같기도 하다. 혹여나 옆 지원자의 한마디에 면접관이 모두 박장대소를 하거나 사랑스러운 미소를 보여주면 나도 모르게 압박감을 느낀다. 개중에는 연예인 뺨치는 외모로 빛이 나는 것 같은 착각을 불러일으키는 사람들도 있다.

우리는 명확히 알고 있어야 한다. 다른 지원자들을 보며 내 머릿속에 맴도는 생각은 모두 나의 작위적인 판단일 뿐이다. 면접관이 어떤 생각을 하고 있는지는 면접관만이 알고 있다.

나는 4년 차부터 시작해 15년 차인 지금까지 면접관 역할을 수행하고 있다. 면접관 경력이 10년을 넘은 나는 위의 상황에서 어떤 생각을 했을까? 혹은 주변의 면접관 선배들은 어떤 이야기를 했을까?

유창한 외국어 실력을 자랑하는 지원자는 넘치고 넘쳤다. 지구의 여섯 개 대륙에서 쓰이는 웬만한 언어는 면접장에서 다 만나봤다. 외국어로 자기소개를 시작하는 지원자들을 보면 저절로 '또야?'하는 생각이 들 때가 제법 있었다. 외국어 능력만으로는 당락이 좌우되지 않는다.

'다양한 경험'이라고 하는 것들을 10년도 넘게 모아서 들으면 어떨까? 다양한 경험이 아니라 어딘가 리스트업된 얼추 비슷비슷한 경험들이라 생각된다. 중요한 것은 단순 경험이 아니다. 그것을 풀어내는 방법이 중요하다.

최근엔 능수능란함이 마이너스 요소가 되는 경우가 제법 있다. 과한 유려함 탓에 신입다운 신선함이 느껴지지 않아 좋지 않은 점수를 받는 일도 있다. 또한, 회사는 소위 '취업 선수'를 골라내기 위해 혈안이 돼 있다. '취업 선수'는 본인의 실제 모습을 보여주지 않는다. 취업 전형에 맞춰 자신을 완전히 탈바꿈하고 면접관들을 기가 막히게 속여 좋은 점수를 받아간다. 요즘 회사들은 그들을 골라내기 위해 혈안이 돼 있다.

박장대소를 했을 때도 실제로 너무 웃겨서 그랬던 적은 많지 않다. 지원자의 긴장을 풀어주고 편하게 임하게 해주려고 일부러 호응해준 적이 더 많았다. 미소 역시 마찬가지다. 실력을 모두 끄집어낼 수 있게 지원자들의 기를 살려주는 것이었다.

또한 외모는 심사 기준이 아니다. 외모에 대한 무수한 말들이 있지만 단 하나의 기준이 있다면 '자연스럽고 호감 가는 외모인가?' 정도다. 면접관은 절대 외모만으로 점수를 주지 않는다.

물론 이 모든 것은 해당 관련 직무 면접, 직무 관련성이 높은 항목은 예외다.

오로지 자기와의 싸움에 집중하기!
"다른 지원자가 어떤 모습이든 신경 쓰지 말자. 취업은 오로지 나와의 싸움이다. 오롯이 내게 집중하자."

1000 대 1, 2000 대 1 같은 경쟁률 앞에 시무룩해지는 지원자도 있다. 하지만 경쟁률 또한 의미가 크지 않다. 채용 전형은 지원자들끼리 서로의 점수를 빼앗아오는 것이 아니다. 월드컵 토너먼트 대진표처럼 누가 누구를 반드시 이겨야 하는 것이 아니다. 대부분의 전형은 면접관이나 서류전형관이 각각의 점수를 매기고 합산 성적으로 합격과 불합격을 정한다.

결국 지원자들끼리 서로 이겨야 하는 것이 아니라 내가 점수를 차곡차곡 쌓으면 되는 것이다. 주변을 자꾸 보면 위축된다. 내 이야기를 풀어내기에도 시간은 부족하다. 오롯이 내게 집중해야 한다. 취업은 오로지 나와의 싸움이라는 것을 잊지 말자.

chapter 5

취업의 끝은 없다

취업만 하면
끝일까?

인생은 취업 이전과 이후로 완전히 달라진다. 이전까지의 삶은 머릿속을 채우고 몸에 무언가를 익히는 과정이다. 하지만 취업 이후는 내가 가지고 있는 것들을 쏟아내 활용하는 시간이다. 그동안 꾹꾹 눌러 담았던 모든 것을 활용해 다양한 분야의 일을 처리하게 된다. 시간이 지날수록 경험은 차곡차곡 쌓이지만, 채우기보다는 소비하는 일들이 더 많아지게 된다.

취업 이전에는 나를 한마디로 규정짓기 어렵다. 나를 표현하는 수식어도 제한적이다. 주로 '학생', '취업준비생' 정도로 표현됐다. 하지만 이후엔 달라진다. 신입사원 ○○○, 영업사원 ○○○, 마케팅부 ○○○ 등 내 직급, 직무, 부서에 따라 다양한 수식어가 따라다니기 시작한다. 30년 내외의 시간을 거쳐 내 직업이 드디어 결정되는 것이다. 앞의 수식어가 곧 내 직업이고, 내 직업이 나다. 내 인생을 그 단어 한마디로 표현할 수 있게 된다. 나라는 존재가 태어난 이후 몇십 년간 배우고 만들어온 내 커리어가 몇 가지 단어들로 정리되기 시작한다.

인간관계도 급격히 달라진다. 취업 이전과는 다르게 직장이 생기면 인간관계도 일 중심으로 흘러간다. 가족이나 친구보다 직장 상사, 동료와 함께하는 시간이 자연스레 더 많아진다. 최소 주 5일을 일터에서 보내니 그럴 수밖에 없다. 일터의 분위기에 따라 성격도 달라지고 스트레스의 정도에 따라 인상도 바뀐다. 확 늙기도 하고 오히려 젊어지기도 한다.

결국 취업이란 것은 인생의 가장 큰 전환점 중 하나다. 취업 이후에는 내 일터가 큰 비율로 나를 규정한다. 내 일과 나를 분리하기도 어려워진다. 여러 가지로 가장 중요한 길목에 놓이게 된다.

하지만 우리는 합격의 기쁨에 젖어 취업 성공 이후를 게을리하는 경우가 많다. 지레 숨 막히는 분위기를 조성하려는 건 아니다. 취업하자마자 당장 내일부터 다시 삭막한 생존의 세계를 준비하라는 말이 아니다. 다만, 분명히 알고 나아가자는

것이다. 즐길 것은 즐기고, 기쁨은 누리되 천천히 다시 나아가
야 할 준비를 해야 하니까.

고생한 당신, 고생할 당신에게 냉정하게 전하는 충고!
"취업만 하면 끝일까? 그렇지 않다.
취업 성공은 이제 스타트라인에 설 자격이 주어진 것이다."

진천 국가대표 선수촌에서 리우올림픽 펜싱 금메달리스
트 박상영 선수를 만나 인터뷰한 적이 있다. 그는 스무 살 차
이도 더 나는 최고의 베테랑 선수 제자 임레를 상대로 10 대
14에서 15 대 14로, 대역전극을 만들어내며 세계 정상에 올랐
다. 올림픽 최고의 명장면을 만들어낸 그는 내게 뜻밖의 이야
기를 들려줬다.

"올림픽 금메달을 따면 모든 걸 이루는 줄 알았어요. 그거
하나면 끝이라고 생각했죠. 돈도 생기고 명예도 생기고 그 이
후에는 아무것도 필요 없을 줄 알았어요. 그런데 전혀 아니었
어요. 그 순간이 지나가는 건 정말 빠르더라고요. 영광의 순
간이 지나고 남는 건 하나였어요. 다시 시작해야 한다는 생각.
이제 처음부터 다시 시작이구나….."

올림픽 금메달리스트가 아니어도 모두 똑같다. 고등학생 때는 수능만 끝나면 모든 게 끝나는 줄 알았다. 군 복무를 마치던 날은 세상을 다 가진 듯했다. 앞으로 다시는 힘든 일 따위 없을 줄 알았다. 공인 어학점수만 따내면 취업이 쉽게 될 줄 알았고, 학점만 잘 받으면 큰 무리 없이 내로라하는 대기업에 갈 줄 알았다. 취업 역시 합격만 하면 탄탄대로를 걸을 거로 생각했다.

하지만 그렇지 않다. 취업에 성공한 기쁨도 잠시, 사회 초년생으로 이제 스타트라인에 설 자격이 주어졌다. 학창 시절은 예선전이었다. 취업에 성공한 당신은 예선을 통과하고 결선 무대에 서게 된 거다. 지금부터 만들어가는 모습이 진정한 '나'다. 내 직업이 결정되고 내 자아를 어떻게 꺼내 실현해낼지가 결정된다. 차분하지만 치열하게, 끊임없이 나를 만들어가보자.

합격 후에
해야 할 일

취업준비를 할 때 목표는 하나다.

'가고 싶은 회사에 합격하는 것'

하지만 합격한 순간 여기에 하나를 더 추가해야 한다.

'이 회사에 들어가 ○○ 분야에서 최고봉이 되겠다.'

나는 '아나운서가 되는 것'만이 지상 최대의 목표였다. 아나운서가 된 이후를 구체적으로 생각해본 적이 없었다. 아나운서 시험에만 합격하면 저절로 부와 명예를 얻을 거라 단단히 착각했다. 입사 이후 주어진 길을 따라가기만 했고, 그 결과 입사 후 5년도 넘게 갈팡질팡하면서 자리를 잡지 못했다.

직장 내 목표설정은 선택이 아닌 필수다. 빠르면 빠를수록 좋다. 최종합격 직후부터 끊임없이 고민하고, 특히나 부서배치가 된 이후부터는 반드시 머릿속에 담고 살아야 한다. 나만의 확고한 목표의식 없이 어영부영 시간을 보내다 보면 자리 잡기는 점점 힘들어진다. 시키는 일, 주어진 일만 따라가다 보면 나만의 것이 없는 무색무취한 사람이 되고 만다.

최종합격 이후에 꼭 해야 할 일!

"합격은 끝이 아닌 시작이다.

직장 내에서의 구체적인 목표 설정이 필요하다."

물론 직장 내의 목표는 수시로 변한다. 어느 부서에 배치되는지, 담당 업무가 무엇인지에 따라 계속 바뀐다.

하지만 큰 줄기를 설정해놓는 것과 아닌 것의 차이는 꽤 크다. 강력히 원하는 것이 있는 것과 그저 따라가기만 하는 것과의 차이도 상당하다. 내가 꿈꾸는 방향과 현재 상황을 끊임없이 대조해가면서 수정, 보완 절차를 거쳐 나아가야 한다.

내가 수립한 목표가 처음으로 크게 흔들리는 순간이 있다. 원하지 않는 부서에서 사회생활을 시작할 때다. 회사에서는 개개인의 의향도 중요하지만, 전체적인 배치를 더 고민한다. 어쩔 수 없이 개인 의사에 반하는 경우가 흔하게 발생한다.

개인의 선택보다 회사의 선택을 더 중시하기 때문이다.

만약 그렇다면 두 가지 경로를 설정해둬야 한다. 내가 원하는 부서는 아니었어도 그 안에서 나만의 것을 찾아보는 것, 혹은 주어진 업무는 잘 소화해내며 빠르게 다음 경로를 모색하는 것이다. 맛집에 가려고 내비게이션의 경로를 따라가다 길을 잘못 들었을 때와 똑같다. 최초 목적지와는 거리가 있어도 잘못 들어간 지역의 맛집을 새로 찾아내거나, 최초 목적지로 가는 방향을 빠르게 다시 탐색하거나.

취업 자체가 워낙 어려운 요즘이기에 취업 성공 자체로 큰 감격에 젖게 된다. 최종합격을 확인했을 때의 기쁨은 아마도 인생을 통틀어 세 손가락 안에 꼽는 생애 최고의 장면일 거다.

입사 후에도 합격 순간 이상의 기쁨을 다시 누리기는 쉽지 않다. 하지만 사회생활은 그때부터가 시작이다. 인생 또한 그때부터 다시 시작이다. 직장을 떠나는 순간까지 절대 잊어선 안 되는 하나, 남이 아닌 내가 직접 설정한 최종 목적지다.

입사 후 내 운명을 좌우하는 순간들

입사 후 머지않은 시기에 직장생활 초기의 운명을 좌우하는 순간들이 찾아온다. 제때 타이밍을 맞춰 적극적으로 의견 제시를 하지 못하면 아주 긴 시간을 허비해야 하는 중요한 길목들이 있다. 시간뿐만 아니라 능력과 재능을 낭비할 수도 있다. 낭비를 넘어서 퇴사에 이르는 원인이 될 수도 있다.

운명을 좌우할 첫 갈림길은 부서배치다. 회사의 큰 계획 아래 신입사원들은 장기판의 말처럼 각 부서에 배치된다. 부서배치 전 면담도 있고 의견 조율 과정도 분명 있지만, 개인의 의사가 회사의 큰 그림에 반하기 힘든 것이 사실이다.

하지만 개인의 입장에서 부서배치만큼 중요한 것이 없다. 일단 배치되면 최소 1~2년을 보내야 하는데, 희망과 달라도 너무 다르면 직장생활 자체가 위태로울 수 있다. 특히 근무

희망 지역이 수도권인데 지역으로 배치된다든가, 그 반대의 경우도 있을 수 있는데 이렇게 되면 고역이 따로 없다.

부서배치 이후에 곧 찾아오는 것이 업무분장이다. 신입사원들이 들어오면 선배 사원들, 그중에서도 5년 차 밑의 직원들은 호시탐탐 기회를 노리고 있다. 자신이 맡은 업무 중 떠넘길 것이 없는지 말이다.

첫 직장에서 나는 분명 인사(채용)담당자로 배치받았는데 급여업무 일부를 내게 떠넘긴 선배가 있었다. 당시 아무것도 모르는 신입사원이기에 넙죽 받아버렸는데 시간이 지나자 인사담당자의 업무가 아닌 것을 알게 됐다. 하지만 시간은 흘렀고 자연스럽게 그 일은 내 업무에 속하게 돼버렸다. 결국, 업무분장 때 빠릿빠릿하지 못하고 똑바로 알지 못해 당해버리고 만 나 자신을 탓할 수밖에 없었다.

부서배치 후 돌아오는 업무분장 때는 똑똑해질 필요가 있다. 짧은 시간 치열하게 공부하고 고민해서 업무에 대해 잘 알아내야 한다. 거기에 더해 내 일과 전혀 다른 분야의 일이라면 말할 수 있어야 한다. 타이밍도 놓치고 어필도 하지 못하면 결국 몸이 피곤해진다.

업무분장이 되면 전 담당자와 인수인계하게 되는데, 인수인계 절차 역시 정신 바짝 차리고 있어야 한다. 전임자의 업무수행 방식에 어긋난 것은 없는지, 주어진 일이 굳이 필요 없는 건 아닌지, 정작 중요한 것을 놓치고 있지 않은지.

첫 직장에서 매월 그룹에 보고하는 '대졸 신입 초임' 자료가 있었다. 나는 곧이곧대로 이전 담당자에게 물려받은 대로 자료를 준비했고 이후 큰 낭패를 보게 됐다. 내가 배운 방식은 완전히 잘못된 계산 방식이었고, 내가 작성한 틀린 자료는 임금인상 시기에 우리 회사에 큰 걸림돌이 되었다. 물론, 이후 잘 해결되긴 했지만 내 이름은 그룹 본부까지 올라가게 됐다. 물론 안 좋은 쪽으로 말이다.

입사 후 가장 중요한 세 번의 시기. 부서배치, 업무분장, 인수인계에는 골든타임이 존재한다. 부서배치는 인사과에서 전체적인 그림을 그리는 초기에 접근해야 한다. 신입사원들의 배치안이 나온 뒤에는 늦다. 초반부터 적극적으로 물어봐야 한다. 내가 원하는 부서에 T/O가 있는지 없는지, 원하는 직무가 가능한지 아닌지, 내가 가고 싶은 곳에 배치될 확률이 얼마나 높은지 등 정확한 사내 정보를 기반으로 1순위, 2순위, 3순위를 정해야 한다.

업무분장 역시 마찬가지. 신입이라고 모든 것을 그냥 떠맡아버리는 건 곤란하다. 철저한 확인이 필요하다. 하나하나 거스르지 않고 다 받다 보면 모든 것은 내가 자초한 일이 된다.

인수인계 또한 골든타임을 넘기면 안 된다. 초기에 바로잡지 못하면 뒤로 갈수록 바로잡기 점점 더 어려워진다. 적어도 한두 달 이내로 틀린 점을 바로잡고 과감히 보고해야 한다. 이전 담당자의 잘못된 업무처리가 까발려져 곤란하지 않게 충분히 이해를 구하며 하면 더욱 좋다. 모두 신입에게는 참 어려운 일이지만 그렇다고 대충할 수는 없는 일이다.

지금까지의 이야기를 신입이 자꾸 업무를 피하려 하는 것으로 오해할 수도 있다. 하지만 이런 순간에 이렇게 저렇게 노력해봐도 결국 개인이 원하는 걸 얻어내기란 그리 쉽지 않다. 그렇다고 내 운명이 걸린 일에 뒷짐만 지고 있을 수는 없다.

부서배치, 업무분장, 인수인계 등에서 하나라도 내가 원하는 걸 얻을 수 있다면 성공이다. 소위 '하기 싫어서 뺀질거리는 것'이 아니라 조금이라도 내 고유의 업무에 전념할 시간을 벌기 위함이다. 내 일에 집중하기 위해서다.

입사 후 가장 중요한 세 번의 순간에 대처하는 법!

"원하는 것이 있으면 당당히 말하자. 다만, 합당한 근거와
합리적 이유를 제시하자. 궁금한 것이 있으면 확실히 물어보자.
사내 정보는 알면 알수록 도움이 된다."

첫 직장의 부서배치 시기에 내가 군말 않고 있었다면 공장 라인의 생산관리에 투입될 예정이었다. 전공도 전자공학과였고 최초 모집 지원도 그리했기 때문이다. 하지만 내 마음 깊은 곳 희망부서는 인사팀이었다. 부서배치 전 공채사원 전체가 받던 OJT 때 인사과 직원만 만나면 이것저것 귀찮게 캐물었다. 부서배치 시즌에 당시 채용담당자가 퇴사한 사실을 알게 되었고, 군 시절 소대장 및 인사장교 경력과 함께 인사팀에 대한 열망을 강력히 어필했다. 결국 내가 원하던 인사팀에 배치되는 행운을 누렸다. 그리고 훗날 팀장님은 내가 인사팀에 올 수 있었던 배경에 대해 이렇게 말했다.

"자리는 비어 있는데, 적극적으로 어필한 사람이 너밖에 없었지 뭐냐(웃음)."

이전 시대의 신입사원에게 요구되던 덕목 중 하나가 상명하복이었다. 상급자가 지시하는 대로 군말 없이 따르는 것. 어

떻게 보면 과거 사회생활의 1순위 덕목이기도 했다. 하지만 시대가 많이 바뀌었다. 그저 순순히 따르기만 하는 직원은 의욕 없어 보이기도 하고 매력적으로 느껴지지 않는다. 지금은 리더가 제시하는 여러 가지 과제를 잘 수행해내면서도 자신만의 의견을 제시할 줄 아는 사람이 더 주목받는다.

그렇다고 무작정 밑도 끝도 없이 말해선 곤란하다. 내가 원하는 것에 대한 합당한 근거를 제시할 수 있어야 한다. 회사는 자선단체가 아니다. 나를 대가 없이 도와줄 일은 절대 없다는 걸 알고 있어야 한다. 내가 요구하는 것이 회사에 얼마나 도움이 될 수 있는지, 내가 바라는 것이 이루어지지 않으면 회사는 어떤 손해가 있을지에 대해 합리적으로 판단해 말해야 한다.

또한, 궁금한 것은 확실히 알고 가야 한다. 정보가 많아야 원하는 길도 열린다. 신입사원은 무엇이든 물을 수 있는 자유가 보장된 시기다. 밑져야 본전이다. 원하는 것을 말할 줄 알고 궁금한 걸 물어볼 줄 아는 신입사원이 되자.

사회생활은
첫인상이 절반 이상

　여러 번의 실패가 허용되는 학창 시절이나 백수 시절과 다르게 사회생활은 신입사원 시절부터 실수가 잘 용납되지 않는다. 물론 처음부터 잘하는 사람이 얼마나 되겠냐만, 사회는 처음부터 잘하기를 요구한다. 아무리 신입사원이라 하더라도 실수가 쌓이면 그것이 첫인상이 돼버리고, 직장에서 첫인상은 꽤 많은 것에 영향을 미친다.

　나는 MBC에서 15년을 근무했는데 함께 입사한 동기 중에 15년 전의 첫인상에서 벗어나지 못해 아직도 고생하는 사람이 몇 있다. 아무리 시간이 흘러도 어렸을 때 혹은 신입 시절의 실수들을 바로잡는 일이 쉽지만은 않다. 드라마틱한 변화가 있지 않은 한 첫인상을 완전히 떨쳐내는 건 불가능에 가깝다. 사람의 기억은 누군가를 처음 접했을 때의 임팩트가 아주 강하고, 그 강렬한 인상을 뒤집을 기회는 자주 찾아오지 않기 때문이다.

사실 일에서의 실수는 조금 낫다. 신입사원이 업무에서 미숙한 것은 어느 정도 선까지는 용인이 된다. 하지만 인성, 태도, 공감능력 따위에서 문제가 생기면 시간이 흐를수록 바로잡기 어려워진다. '사람 고쳐 쓰는 거 아니다'라는 말이 왜 나오겠는가.

신입사원 첫인상 관리하기!
"사회생활은 첫인상이 절반 이상이다. 특히 인성, 태도, 공감능력 즉 기본 됨됨이가 사회생활의 시작을 좌우한다."

신입사원 첫인상 관리 꿀팁

1. 뻔한 이야기지만 인사 잘하면 절반 이상은 성공이다

방송국에서 인사를 제일 잘하는 사람은 누구일까? 정답은 '이제 막 데뷔한 아이돌 그룹'이다. 그들은 시간과 장소를 가리지 않고 눈앞에 보이는 모든 사람에게 활기차고 밝은 인사를 난사한다. 엘리베이터처럼 좁은 공간에 함께 있으면 귀가 아플 지경이다.

하지만 그 효과는 크다. 인사를 받는 사람은 그 사람이 누구인지를 찾아보게 된다. 기분이 좋으면 주변 사람에게 말하게 된다. 누구누구를 만났는데 인사를 잘하더라, 그런 모습이 귀엽고 예쁘더라. 모든 직장이 마찬가지다. 성격이 소심한 사람은 모르는 사람에게 인사를 남발하는 것이 어려울 수 있다. 하지만 신입사원 기간은 짧다. 직장에서 인사를 난사할 수 있는 기간은 그때뿐이다. 소심한 내 성격 따위 잠시 벗어던지고 적극적으로 인사하자. 상대가 누구든, 장소가 어디든.

2. 부케 전성시대

업무 외 특기가 있는 사람이 있다. 주식투자나 부동산에 대해 빠삭한 사람, 교육이나 육아 고수, 상담사 뺨치는 연애 고민 해결사, 심지어 휴대전화 액정필름을 기가 막히게 붙여 주목받는 사람도 있다.

이렇게 확실한 부케가 있는 사람들은 선배 사원이나 관리직들이 자주 찾게 된다. 그 말은 곧 그들과 친해진다는 이야기다. 친함은 당연히 업무로도 확장된다. 특히, 방송계는 친하지 않으면 케미가 살지 않는다. 일반 직장에서도 원만한 대인관계는 업무의 효율을 크게 높여준다.

물론 요즘 시대에 과도한 사생활 간섭이나 업무 외의 연관이 싫을 수 있다. 하지만 어느 정도 나를 오픈해주는 사람은 직장에 연착륙할 확률이 높아진다. 직장 내 성공했다는 사람은 대부분 어느 정도 내 영역을 열어주는 사람들이다.

3. 다음 신입사원이 들어오면 관심도 멀어진다

신입사원 기간은 언제까지일까? 1년? 2년? 혹은 그 이상? 신입사원 기간이 끝나는 순간은 다음 신입사원이 들어올 때다. 마치 아이가 태어나면 신혼생활이 끝나는 것과 비슷하다.

신입사원들은 다음 신입이 들어온 순간 주변이 한가해지는 것을 실감하게 된다. 해방감도 느낀다. 밥 먹자고 귀찮게 굴던 선배, 행사에 무조건 참석하라고 강요하던 부장, 온갖 잡다한 일을 시키던 바로 위 선배, 이런 사람들이 조금씩 사라질 거다. 모든 관심이 신입사원에게 쏠리기 때문이다.

신입으로 굳이 애써야 할 시간이 그리 길지 않다는 말이다. 좋은 첫인상을 심어줄 기회도 계속 주어지지 않는다. 나와는 조금 맞지 않아도, 조금은 버거워도 그 기간이 그리 길지 않으니 한번 노력해보자. 물론 후배가 들어오지 않거나, 위로 경력이 들어오는 등 일이 꼬이면 고생이 조금 길어질 수는 있지만.

MZ세대의 매력과 인성을
혼동하지 말자

　최근 몇 년 사이 시대가 급격히 변했다. 젠더 갈등과 세대 갈등, 양극화 등의 문제는 시대를 불문하고 늘 있었지만, 그 차이가 더 벌어지고 속도도 점점 빨라지고 있다. 대한민국 직장도 마찬가지다. 직장 내에서 흔히 '라떼'로 정의되는 이전 시대의 사람들과 지금 취업준비생들이 포함된 MZ세대의 갈등이 빈번하게 발생한다.

　MZ세대의 특징 중 가장 대표적인 것이 '개인주의적 성향'이다. 조직이나 집단으로 함께하는 문화가 당연한 것으로 받아들여졌던 과거와 달리, 일에서나 일 외적으로나 개인, 나 자신을 우선한다. 내가 속한 회사의 이익보다 개인의 행복 추구가 앞서기 때문에 굳이 희생도 하지 않는다. 점심시간 으레 직장동료와 함께하는 식사보다 혼밥이 더 편하고, 퇴근 후 직장 사람들과의 교류는 불필요하게 여긴다.

이전 시대에 '개인주의적 성향'은 나쁜 것으로 받아들여졌다. 흔히 라떼들은 개인주의 성향을 띄는 MZ세대를 못마땅하게 여긴다. 직장을 위해 모든 걸 다 바친 세대들은 그들의 행동방식을 이해하지 못한다. "나 때는 말이야"라는 말이 왜 나왔겠는가. 요즘 세대들의 행동을 보고 혀를 끌끌 차며 홀로 되뇌는 말이 아닌가.

그런데 개인주의적인 성향이 꼭 나쁜 것일까?

개인주의적 성향은 모든 개인이 제 몫을 다하는 조직에서는 전혀 문제가 없다. 오히려 효율적이다. 모든 구성원이 N분의 1씩 하면, 조직에선 희생해야 할 사람이 필요 없다. 조직은 오히려 잘 굴러간다. 다만 모든 사람이 1인분 이상의 역할을 해내는 조직은 이상에나 존재한다는 것이 맹점이다.

현실 세계의 조직이나 집단은 모든 개인이 N 분의 1씩 하며 굴러가지 않는다. 두 사람의 몫을 해내는 사람이 있는 반면, 0.5인분, 0.1인분도 못하는 사람들도 있다. 사실 그런 사람은 그냥 많은 게 아니라 아주 많다. 그래서 조직에선 누군가의 희생이 필요하고, 부담을 더 짊어지는 사람이 필요하다. 조직이 개인주의적 성향을 꺼리는 이유다. 2인분, 3인분 몫을 해줄 사람을 원하지 딱 1인분만 할 사람을 기다리지는 않는다.

하지만 이미 시대가 변했는데 어쩌겠는가. 기업들은 이제

MZ세대의 특징을 잘 활용할 방법을 찾는 수밖에 없다. MZ세대 역시 자신의 매력을 세련되게 드러내야 한다.

첫 사회생활을 앞둔 MZ세대에게 꼭 전하고 싶은 말!
"인성과 매력을 혼동하지 말자."

매력이란 사람의 마음을 사로잡아 끄는 힘이다. 인성은 사람의 고유한 성품이다. 그 고유한 성품이 좋지 않은 사람은 다른 사람의 마음을 얻을 수 없다. 결코 매력적으로 보이지 않는다는 말이다. 아무리 시대가 변해도 인성은 여전히 사람을 평가하는 큰 기준 중에 하나다. 일터에서 인성은 말씨, 태도, 배려, 공감능력 등에서 고스란히 드러난다.

MZ세대의 매력 중 하나는 자신이 느끼는 것을 잘 표현하는 것이다. 하고 싶은 말이 있어도 꾹꾹 참던 옛날 사람들과는 다르게 할 말이 있으면 다 한다. 하지만 일터에선 할 말 다 한다고 무조건 매력적인 건 아니다. 합리적 비판을 하는 사람은 능력 있어 보이지만, 불평만 하는 사람은 찌질해 보인다. 정중하고 품위 있게 말하는 사람은 신뢰가 가지만, 감정만 내세워 말하는 사람은 상대하기 싫고 늘 피하고 싶다. 확실한 쉼표 역시 MZ세대의 매력이다. 일할 땐 온 힘을 다해 집중하다가도 확실히 즐기고 확실히 쉴 줄 안다. 아무도 알아주지 않는데 휴일에도 회사에 나오고, 야근과 주말 근무를 밥 먹듯이 하던 이전 세대와는 확실히 다르다. 하지만 쉼표는 늘 문맥에 따라 뉘앙스가 달라진다.

자신의 업무를 말끔하게 처리하고 휴가를 떠나는 것은 멋있다. 하지만 업무에 구멍만 내놓고 휴가를 가서 다른 사람들이 뒷수습하느라 정신없어지는 건 기본적인 자세에 문제가 있어 보인다. 주어진 일을 잘 해내며 불필요한 업무를 줄여가는 건 업무 효율성이 좋아 보이지만, 제대로 해보지도 않고 불평만 많은 것은 기본적인 태도가 좋지 않은 것으로 판단된다. 사소한 말투나 행동에서 배려심이 있는 사람은 매력적이다. 타인의 아픔이나 어려움에 공감할 줄 아는 사람 역시 마찬가지다. 팀워크가 뛰어난 사람은 누구나 탐내는 인재다. 동료의 어려움에 발 벗고 나서는 사람은 따뜻해 보인다. 이런 것들은 모두 MZ세대의 매력과 별개로 취할 수 있는 장점들이다.

나도 어쩔 수 없이 라떼로 변해가고 있나 보다. 잔소리로 생각될 수 있는 이야기를 한껏 늘어놓았다. 하지만 내가 만약 MZ세대라면 꼭 유념하면 좋은 이야기다. 첫 사회생활을 무난하게 시작할 수 있는 지혜 정도로 받아들여 주면 좋겠다.

이직은
배신이 아니다

　직장인은 늘 가슴에 사직서 한 통을 품고 산다. 현실에 만족하지 못하는 사람이나 그런 게 아니라, 내 일을 사랑하고 현 직장에 애정이 많은 사람 역시 마찬가지다. 사람의 본능이 그렇다. 가보지 못한 곳을 가보고 싶어 하고, 내가 아닌 다른 사람이 되기를 꿈꾸는 것은 지극히 당연한 일이다.

　내 주변만 돌아봐도 그렇다. 아나운서 동료들은 아나운서가 절대적인 꿈이었던 사람이 대부분이다. 꿈에나 그리던 아나운서의 꿈을 이루어도 새로운 길에 대한 갈망과 배고픔이 늘 따라다닌다. 다들 새로운 길에 진심이다. 누군가는 배우에 도전하기도 하고, 사진작가에 새로이 도전하기도 한다. 피아니스트처럼 예술 분야에 뒤늦게 뛰어든 동료도 있다.
　무엇이든 도전하고 새롭게 준비하는 과정은 아름답다. 늘 나를 업그레이드해주고 끝없는 자극을 주어 정체되지 않게 한다. 직장인이 이직 준비를 하는 것 역시 결이 같다. 심지어 이직 준비는 소속 회사와 개인, 서로에게 도움이 된다.

이직하려는 사람에게 가장 필요한 것이 무엇일까?

자기계발과 내 분야에 대한 전문성이다. 회사에 다닌 절대적 시간만을 커리어로 생각하는 사람은 발전이 없다. 내 분야에 대한 연구와 고민, 성찰이 있어야 한다. 이런 것이 이루어진다면 설령 이직하지 못하더라도 엄청난 성장을 이루게 된다. 자아실현은 따라올 수밖에 없다.

이직을 하지 않더라도 개인의 발전은 조직에 큰 도움이 된다. 따라서 회사 역시 이익이다. 개인이 자신을 업그레이드하면 할수록 회사는 가만히 앉아서 인적 자원의 퀄리티를 높일 수 있다.

이직에 대한 바람직한 관점!

"이직은 배신이 아니다. 커리어를 완성하는 과정이다.
직장인은 항상 이곳을 떠날 수 있다는 마음으로 살아야 한다."

'언제든 떠날 수 있게.'

회사 사람들이 다 보는 내 SNS의 프로필에 적혀 있는 문구다.

물론 내가 있는 이곳에 뼈를 묻겠다 하는 사람들이 있다. 이상적인 경우이다. 내가 하고 싶은 일과 잘하는 일이 일치하는 직장, 자아실현과 경제적 보상의 만족이 이루어지는 직장이라면 그럴 만하다. 하지만 내가 조금이라도 부족하다고 생각한다면 채우는 것을 망설이지 말자. 회사 동료들에게 마음의 빚도 가지지 말자. 자연스러운 현상이니 주저하지 말고 미안해하지 말자. 그리고 준비하자.

'언제든 떠날 수 있게.'

당신만 모르는 면접관의 채점표

초판 1쇄 인쇄 2022년 5월 25일
초판 1쇄 발행 2022년 6월 3일

지은이 김나진
펴낸이 이범상
펴낸곳 (주)비전비엔피 · 비전코리아

기획 편집 이경원 차재호 김승희 김연희 고연경 박성아 최유진 김태은 박승연
디자인 최원영 이상재 한우리
마케팅 이성호 최은석 전상미 백지혜
전자책 김성화 김희정 이병준
관리 이다정

주소 우)04034 서울특별시 마포구 잔다리로7길 12 (서교동)
전화 02)338-2411 | **팩스** 02)338-2413
홈페이지 www.visionbp.co.kr
이메일 visioncorea@naver.com
원고투고 editor@visionbp.co.kr
인스타그램 www.instagram.com/visionbnp
포스트 post.naver.com/visioncorea

등록번호 제313-2005-224호

ISBN 978-89-6322-189-2 13320

도서에 대한 소식과 콘텐츠를
받아보고 싶으신가요?